GRöLS Verlage

„BÜCHER SIND WIE FALLSCHIRME. SIE NÜTZEN UNS NICHTS, WENN WIR SIE NICHT ÖFFNEN."

Gröls Verlag

Redaktionelle Hinweise und Impressum

Das vorliegende Werk wurde zugunsten der Authentizität sehr zurückhaltend bearbeitet. So wurden etwa ursprüngliche Rechtschreibfehler *nicht* systematisch behoben, denn kleine Unvollkommenheiten machen das Buch – wie im Übrigen den Menschen – erst authentisch. Mitunter wurden jedoch zum Beispiel Absätze behutsam neu getrennt, um den Lesefluss zu erleichtern.

Um die Texte zu rekonstruieren, werden antiquarische Bücher von Lesegeräten gescannt und dann durch eine Software lesbar gemacht. Der so entstandene Text wird von Menschen gegengelesen und korrigiert – hierbei treten auch Fehler auf. Wenn Sie ebenfalls antiquarische Texte einreichen möchten, finden Sie weitere Informationen auf www.groels.de

Viel Freude bei der Lektüre wünscht Ihnen das Team des Gröls-Verlags.

Adressen

Verleger: Sophia Gröls, Im Borngrund 26, 61440 Oberursel

Externer Dienstleister für Distribution & Herstellung: BoD, In de Tarpen 42, 22848 Norderstedt

Unsere „Edition | Werke der Weltliteratur“ hat den Anspruch, eine der größten und vollständigsten Sammlungen klassischer Literatur in deutscher Sprache zu sein. Nach und nach versammeln wir hier nicht nur die „üblichen Verdächtigen“ von Goethe bis Schiller, sondern auch Kleinode der vergangenen Jahrhunderte, die – zu Unrecht – drohen, in Vergessenheit zu geraten. Wir kultivieren und kuratieren damit einen der wertvollsten Bereiche der abendländischen Kultur. Kleine Auswahl:

Francis Bacon • Neues Organon • **Balzac** • Glanz und Elend der Kurtisanen • **Joachim H. Campe** • Robinson der Jüngere • **Dante Alighieri** • Die Göttliche Komödie • **Daniel Defoe** • Robinson Crusoe • **Charles Dickens** • Oliver Twist • **Denis Diderot** • Jacques der Fatalist • **Fjodor Dostojewski** • Schuld und Sühne • **Arthur Conan Doyle** • Der Hund von Baskerville • **Marie von Ebner-Eschenbach** • Das Gemeindekind • **Elisabeth von Österreich** • Das Poetische Tagebuch • **Friedrich Engels** • Die Lage der arbeitenden Klasse • **Ludwig Feuerbach** • Das Wesen des Christentums • **Johann G. Fichte** • Reden an die deutsche Nation • **Fitzgerald** • Zärtlich ist die Nacht • **Flaubert** • Madame Bovary • **Gorch Fock** • Seefahrt ist not! • **Theodor Fontane** • Effi Briest • **Robert Musil** • Über die Dummheit • **Edgar Wallace** • Der Frosch mit der Maske • **Jakob Wassermann** • Der Fall Maurizius • **Oscar Wilde** • Das Bildnis des Dorian Grey • **Émile Zola** • Germinal • **Stefan Zweig** • Schachnovelle • **Hugo von Hofmannsthal** • Der Tor und der Tod • **Anton Tschechow** • Ein Heiratsantrag • **Arthur Schnitzler** • Reigen • **Friedrich Schiller** • Kabale und Liebe • **Nicolo Machiavelli** • Der Fürst • **Gotthold E. Lessing** • Nathan der Weise • **Augustinus** • Die Bekenntnisse des heiligen Augustinus • **Marcus Aurelius** • Selbstbetrachtungen • **Charles Baudelaire** • Die Blumen des Bösen • **Harriett Stowe** • Onkel Toms Hütte • **Walter Benjamin** • Deutsche Menschen • **Hugo Bettauer** • Die Stadt ohne Juden • **Lewis Caroll** • *und viele mehr….*

Johann Wolfgang Goethe

Götz von Berlichingen mit der eisernen Hand

Ein Schauspiel

Inhalt

Personen:

Kaiser Maximilian

Götz von Berlichingen

Elisabeth, seine Frau

Maria, seine Schwester

Karl, sein Söhnchen

Georg, sein Bube

Bischof von Bamberg

Weislingen, **Adelheid von Walldorf**, **Liebetraut** an des Bischofs Hofe

Abt von Fulda

Olearius, beider Rechte Doktor

Bruder Martin

Hans von Selbitz

Franz von Sickingen

Lerse

Franz, Weislingens Bube

Kammerfräulein der Adelheid

Metzler, Sievers, Link, Kohl, Wild, Anführer der rebellischen Bauern

Hoffrauen, Hofleute, am Bambergschen Hofe

Kaiserliche Räte

Ratsherrn von Heilbronn

Richter des heimlichen Gerichts

Zwei Nürnberger Kaufleute

Max Stumpf, Pfalzgräflicher Diener

Ein Unbekannter

Brautvater und Bräutigam, Bauern

Berlichingsche, Weislingsche, Bambergsche Reiter

Hauptleute, Offiziere, Knechte von der Reichsarmee

Schenkwirt

Gerichtsdiener

Heilbronner Bürger

Stadtwache

Gefängniswärter

Bauern

Zigeunerhauptmann

Zigeuner, Zigeunerinnen

Erster Akt

Schwarzenberg in Franken. Herberge

Metzler, Sievers am Tische. Zwei Reitersknechte beim Feuer. Wirt.

Sievers. Hänsel, noch ein Glas Branntwein, und meß christlich.

Wirt. Du bist der Nimmersatt.

Metzler *(leise zu Sievers).* Erzähl das noch einmal vom Berlichingen! Die Bamberger dort ärgern sich, sie möchten schwarz werden.

Sievers. Bamberger? Was tun *die* hier?

Metzler. Der Weislingen ist oben auf'm Schloß beim Herrn Grafen schon zwei Tage; dem haben sie das Gleit geben. Ich weiß nicht, wo er herkommt; sie warten auf ihn; er geht zurück nach Bamberg.

Sievers. Wer ist der Weislingen?

Metzler. Des Bischofs rechte Hand, ein gewaltiger Herr, der dem Götz auch auf'n Dienst lauert.

Sievers. Er mag sich in acht nehmen.

Metzler *(leise).* Nur immer zu! *(Laut.)* Seit wann hat denn der Götz wieder Händel mit dem Bischof von Bamberg? Es hieß ja, alles wäre vertragen und geschlichtet.

Sievers. Ja, vertrag du mit den Pfaffen! Wie der Bischof sah, er richt nichts aus und zieht immer den kürzern, kroch er zum Kreuz und war geschäftig, daß der Vergleich zustand käm. Und der getreuherzige Berlichingen gab unerhört nach, wie er immer tut, wenn er im Vorteil ist.

Metzler. Gott erhalt ihn! Ein rechtschaffener Herr!

Sievers. Nun denk, ist das nicht schändlich? Da werfen sie ihm einen Buben nieder, da er sich nichts weniger versieht. Wird sie aber schon wieder dafür lausen!

Metzler. Es ist doch dumm, daß ihm der letzte Streich mißglückt ist! Er wird sich garstig erbost haben.

Sievers. Ich glaub nicht, daß ihn lang was so verdrossen hat. Denk auch: alles war aufs genaueste verkundschaft, wann der Bischof aus dem Bad käm, mit wieviel Reitern, welchen Weg; und wenn's nicht wär durch falsche Leut verraten worden, wollt er ihm das Bad gesegnet und ihn ausgerieben haben.

Erster Reiter. Was räsoniert ihr von unserm Bischof? Ich glaub, ihr sucht Händel.

Sievers. Kümmert euch um eure Sachen! Ihr habt an unserm Tisch nichts zu suchen.

Zweiter Reiter. Wer heißt euch von unserm Bischof despektierlich reden?

Sievers. Hab ich euch Red und Antwort zu geben? Seht doch den Fratzen!

Erster Reiter *(schlägt ihn hinter die Ohren).*

Metzler. Schlag den Hund tot!

(Sie fallen übereinander her.)

Zweiter Reiter. Komm her, wenn du 's Herz hast.

Wirt *(reißt sie voneinander).* Wollt ihr Ruh haben! Tausend Schwerenot! Schert euch 'naus, wenn ihr was auszumachen habt. In meiner Stub soll's ehrlich und ordentlich zugehen. *(Schiebt die Reiter zur Tür hinaus.)* Und ihr Esel, was fanget ihr an?

Metzler. Nur nit viel geschimpft, Hänsel, sonst kommen wir dir über die Glatze. Komm, Kamerad, wollen die draußen bleuen.

(Zwei Berlichingsche Reiter kommen.)

Erster Reiter. Was gibt's da? .

Sievers. Ei guten Tag, Peter! Veit, guten Tag! Woher?

Zweiter Reiter. Daß du dich nit unterstehst zu verraten, wem wir dienen.

Sievers *(leise)*. Da ist euer Herr Götz wohl auch nit weit?

Erster Reiter. Halt dein Maul! Habt ihr Händel?

Sievers. Ihr seid den Kerls begegnet draußen, sind Bamberger.

Erster Reiter. Was tun die hier?

Metzler. Der Weislingen ist droben auf'm Schloß, beim gnädigen Herrn, den haben sie geleit.

Erster Reiter. Der Weislingen?

Zweiter Reiter *(leise)*. Peter! das ist ein gefunden Fressen! *(Laut.)* Wie lang ist er da?

Metzler. Schon zwei Tage. Aber er will heut noch fort, hört ich einen von den Kerls sagen.

Erster Reiter *(leise)*. Sagt ich dir nicht, er wär daher! Hätten wir dort drüben eine Weile passen können. Komm, Veit.

Sievers. Helft uns doch erst die Bamberger ausprügeln.

Zweiter Reiter. Ihr seid ja auch zu zwei. Wir müssen fort. Adies! *(Ab.)*

Sievers. Lumpenhunde die Reiter! wann man sie nit bezahlt, tun sie dir keinen Streich.

Metzler. Ich wollt schwören, sie haben einen Anschlag. Wem dienen sie?

Sievers. Ich soll's nit sagen. Sie dienen dem Götz.

Metzler. So! Nun wollen wir über die draußen. Komm! so lang ich einen Bengel hab, fürcht ich ihre Bratspieße nicht.

Sievers. Dürften wir nur so einmal an die Fürsten, die uns die Haut über die Ohren ziehen.

Herberge im Wald

Götz *(vor der Tür unter der Linde)*. Wo meine Knechte bleiben! Auf und ab muß ich gehen, sonst übermannt mich der Schlaf. Fünf Tag und Nächte schon auf der Lauer. Es wird einem sauer gemacht, das bißchen Leben und Freiheit. Dafür, wenn ich dich habe, Weislingen, will ich mir's wohl sein lassen. *(Schenkt ein.)* Wieder leer! Georg! Solang's daran nicht mangelt und an frischem Mut, lach ich der Fürsten Herrschsucht und Ränke. – Georg! – Schickt ihr nur euern gefälligen Weislingen herum zu Vettern und Gevattern, laßt mich anschwärzen. Nur immer zu. Ich bin wach. Du warst mir entwischt, Bischof! So mag denn dein lieber Weislingen die Zeche bezahlen. – Georg! Hört der Junge nicht? Georg! Georg!

Der Bube *(im Panzer eines Erwachsenen)*. Gestrenger Herr!

Götz. Wo stickst du? Hast du geschlafen? Was zum Henker treibst du für Mummerei? Komm her, du siehst gut aus. Schäm dich nicht, Junge. Du bist brav! Ja, wenn du ihn ausfülltest! Es ist Hansens Küraß?

Georg. Er wollt ein wenig schlafen und schnallt' ihn aus.

Götz. Er ist bequemer als sein Herr.

Georg. Zürnt nicht. Ich nahm ihn leise weg und legt ihn an, und holte meines Vaters altes Schwert von der Wand, lief auf die Wiese und zog's aus.

Götz. Und hiebst um dich herum? Da wird's den Hecken und Dornen gutgegangen sein. Schläft Hans?

Georg. Auf Euer Rufen sprang er auf und schrie mir, daß Ihr rieft. Ich wollt den Harnisch ausschnallen, da hört ich Euch zwei-, dreimal.

Götz. Geh! bring ihm seinen Panzer wieder und sag ihm, er soll bereit sein, soll nach den Pferden sehen.

Georg. Die hab ich recht ausgefüttert und wieder aufgezäumt. Ihr könnt aufsitzen, wann Ihr wollt.

Götz. Bring mir einen Krug Wein, gib Hansen auch ein Glas, sag ihm, er soll munter sein, es gilt. Ich hoffe jeden Augenblick, meine Kundschafter sollen zurückkommen.

Georg. Ach gestrenger Herr!

Götz. Was hast du?

Georg. Darf ich nicht mit?

Götz. Ein andermal, Georg, wann wir Kaufleute fangen und Fuhren wegnehmen.

Georg. Ein andermal, das habt Ihr schon oft gesagt. O diesmal! diesmal! Ich will nur hintendreinlaufen, nur auf der Seite lauern. Ich will Euch die verschossenen Bolzen wiederholen.

Götz. Das nächstemal, Georg. Du sollst erst ein Wams haben, eine Blechhaube und einen Spieß.

Georg. Nehmt mich mit! Wär ich letzt dabei gewesen, Ihr hättet die Armbrust nicht verloren.

Götz. Weißt du das?

Georg. Ihr warft sie dem Feind an Kopf, und einer von den Fußknechten hob sie auf; weg war sie! Gelt ich weiß?

Götz. Erzählen dir das meine Knechte?

Georg. Wohl. Dafür pfeif ich ihnen auch, wann wir die Pferde striegeln, allerlei Weisen und lerne sie allerlei lustige Lieder.

Götz. Du bist ein braver Junge.

Georg. Nehmt mich mit, daß ich's zeigen kann!

Götz. Das nächstemal, auf mein Wort. Unbewaffnet wie du bist, sollst du nicht in Streit. Die künftigen Zeiten brauchen auch Männer. Ich sage dir, Knabe, es wird eine teure Zeit werden: Fürsten werden ihre Schätze bieten um einen Mann, den sie jetzt hassen. Geh, Georg, gib Hansen seinen Küraß wieder und bring mir Wein. *(Georg ab.)* Wo meine Knechte bleiben! Es ist unbegreiflich. Ein Mönch! Wo kommt der noch her?

(Bruder Martin kommt.)

Götz. Ehrwürdiger Vater, guten Abend! woher so spät? Mann der heiligen Ruhe, Ihr beschämt viel Ritter.

Martin. Dank Euch, edler Herr! Und bin vor der Hand nur demütiger Bruder, wenn's ja Titel sein soll. Augustin mit meinem Klosternamen, doch hör ich am liebsten Martin, meinen Taufnamen.

Götz. Ihr seid müde, Bruder Martin, und ohne Zweifel durstig! *(Der Bub kommt.)* Da kommt der Wein eben recht.

Martin. Für mich einen Trunk Wasser. Ich darf keinen Wein trinken.

Götz. Ist das Euer Gelübde?

Martin. Nein, gnädiger Herr, es ist nicht wider mein Gelübde, Wein zu trinken; weil aber der Wein wider mein Gelübde ist, so trinke ich keinen Wein.

Götz. Wie versteht Ihr das?

Martin. Wohl Euch, daß Ihr's nicht versteht. Essen und trinken, mein ich, ist des Menschen Leben.

Götz. Wohl!

Martin. Wenn Ihr gegessen und getrunken habt, seid Ihr wie neu geboren; seid stärker, mutiger, geschickter zu Euerm Geschäft. Der

Wein erfreut des Menschen Herz, und die Freudigkeit ist die Mutter aller Tugenden. Wenn Ihr Wein getrunken habt, seid Ihr alles doppelt, was Ihr sein sollt, noch einmal so leicht denkend, noch einmal so unternehmend, noch einmal so schnell ausführend.

Götz. Wie ich ihn, trinke, ist es wahr.

Martin. Davon red ich auch. Aber wir -

(Georg mit Wasser.)

Götz *(zu Georg heimlich)*. Geh auf den Weg nach Dachsbach, und leg dich mit dem Ohr auf die Erde, ob du nicht Pferde kommen hörst, und sei gleich wieder hier.

Martin. Aber wir, wenn wir gegessen und getrunken haben, sind wir grad das Gegenteil von dem, was wir sein sollen. Unsere schläfrige Verdauung stimmt den Kopf nach dem Magen, und in der Schwäche einer überfüllten Ruhe erzeugen sich Begierden, die ihrer Mutter leicht über den Kopf wachsen.

Götz. Ein Glas, Bruder Martin, wird Euch nicht im Schlaf stören. Ihr seid heute viel gegangen. *(Bringt's ihm.)* Alle Streiter!

Martin. In Gottes Namen! *(Sie stoßen an.)* Ich kann die müßigen Leute nicht ausstehen; und doch kann ich nicht sagen, daß alle Mönche müßig sind; sie tun, was sie können. Da komm ich von St. Veit, wo ich die letzte Nacht schlief. Der Prior führte mich in den Garten; das ist nun ihr Bienenkorb. Vortrefflicher Salat! Kohl nach Herzens Lust! und besonders Blumenkohl und Artischocken, wie keine in Europa!

Götz. Das ist also Eure Sache nicht. *(Er steht auf, sieht nach dem Jungen und kommt wieder.)*

Martin. Wollte, Gott hätte mich zum Gärtner oder Laboranten gemacht! Ich könnte glücklich sein. Mein Abt liebt mich, mein Kloster ist Erfurt in Sachsen; er weiß, ich kann nicht ruhn; da schickt er mich herum, wo was zu betreiben ist. Ich geh zum Bischof von Konstanz.

Götz. Noch eins! Gute Verrichtung!

Martin. Gleichfalls.

Götz. Was seht Ihr mich so an, Bruder?

Martin. Daß ich in Euern Harnisch verliebt bin.

Götz. Hättet Ihr Lust zu einem? Es ist schwer und beschwerlich ihn zu tragen.

Martin. Was ist nicht beschwerlich auf dieser Welt! und mir kommt nichts beschwerlicher vor, als nicht Mensch sein dürfen. Armut, Keuschheit und Gehorsam – drei Gelübde, deren jedes, einzeln betrachtet, der Natur das Unausstehlichste scheint, so unerträglich sind sie alle. Und sein ganzes Leben unter dieser Last, oder der weit drückendern Bürde des Gewissens mutlos zu keuchen! O Herr! was sind die Mühseligkeiten Eures Lebens, gegen die Jämmerlichkeiten eines Standes, der die besten Triebe, durch die wir werden, wachsen und gedeihen, aus mißverstandener Begierde Gott näher zu rücken, verdammt?

Götz. Wär Euer Gelübde nicht so heilig, ich wollte Euch bereden, einen Harnisch anzulegen, wollt Euch ein Pferd geben, und wir zögen miteinander.

Martin. Wollte Gott, meine Schultern fühlten Kraft, den Harnisch zu ertragen, und mein Arm Stärke, einen Feind vom Pferd zu stechen! – Arme schwache Hand, von jeher gewohnt, Kreuze und Friedensfahnen zu führen und Rauchfässer zu schwingen, wie wolltest du Lanze und Schwert regieren! Meine Stimme, nur zu Ave und Halleluja gestimmt, würde dem Feind ein Herold meiner Schwäche sein, wenn ihn die Eurige überwältigte. Kein Gelübde sollte mich abhalten wieder in den Orden zu treten, den mein Schöpfer selbst gestiftet hat!

Götz. Glückliche Wiederkehr!

Martin. Das trinke ich nur für Euch. Wiederkehr in meinen Käfig ist allemal unglücklich. Wenn Ihr wiederkehrt, Herr, in Eure Mauern, mit dem Bewußtsein Eurer Tapferkeit und Stärke, der keine Müdigkeit etwas anhaben kann, Euch zum erstenmal nach langer Zeit, sicher vor feindlichem Überfall, entwaffnet auf Euer Bette streckt und Euch nach dem Schlaf dehnt, der Euch besser schmeckt als mir der Trunk nach langem Durst: da könnt Ihr von Glück sagen!

Götz. Dafür kommt's auch selten.

Martin *(feuriger)*. Und ist, wenn's kommt, ein Vorschmack des Himmels. – Wenn Ihr zurückkehrt, mit der Beute Eurer Feinde beladen, und Euch erinnert: den stach ich vom Pferd, eh er schießen konnte, und den rannt ich samt dem Pferde nieder, und dann reitet Ihr zu Euerm Schloß hinauf, und -

Götz. Was meint Ihr?

Martin. Und Eure Weiber! *(Er schenkt ein.)* Auf Gesundheit Eurer Frau! *(Er wischt sich die Augen.)* Ihr habt doch eine?

Götz. Ein edles vortreffliches Weib!

Martin. Wohl dem, der ein tugendsam Weib hat! des lebt er noch eins so lange. Ich kenne keine Weiber, und doch war die Frau die Krone der Schöpfung!

Götz *(vor sich)*. Er dauert mich! Das Gefühl seines Standes frißt ihm das Herz.

Georg *(gesprungen)*. Herr! ich höre Pferde im Galopp! Zwei! Es sind sie gewiß.

Götz. Führ mein Pferd heraus! Hans soll aufsitzen. – Lebt wohl, teurer Bruder, Gott geleit Euch! Seid mutig und geduldig. Gott wird Euch Raum geben.

Martin. Ich bitt um Euern Namen.

Götz. Verzeiht mir. Lebt wohl! *(Er reicht ihm die linke Hand.)*

Martin. Warum reicht Ihr mir die Linke? Bin ich die ritterliche Rechte nicht wert?

Götz. Und wenn Ihr der Kaiser wärt, Ihr müßtet mit dieser vorliebnehmen. Meine Rechte, obgleich im Kriege nicht unbrauchbar, ist gegen den Druck der Liebe unempfindlich: sie ist eins mit ihrem Handschuh; Ihr seht, er ist Eisen.

Martin. So seid Ihr Götz von Berlichingen! Ich danke dir, Gott, daß du mich ihn hast sehen lassen, diesen Mann, den die Fürsten hassen und zu dem die Bedrängten sich wenden! *(Er nimmt ihm die rechte Hand.)* Laßt mir diese Hand, laßt mich sie küssen!

Götz. Ihr sollt nicht.

Martin. Laßt mich! Du, mehr wert als Reliquienhand, durch die das heiligste Blut geflossen ist, totes Werkzeug, belebt durch des edelsten Geistes Vertrauen auf Gott!

Götz *(setzt den Helm auf und nimmt die Lanze).*

Martin. Es war ein Mönch bei uns vor Jahr und Tag, der Euch besuchte, wie sie Euch abgeschossen ward vor Landshut. Wie er uns erzählte, was Ihr littet, und wie sehr es Euch schmerzte, zu Eurem Beruf verstümmelt zu sein, und wie Euch einfiel, von einem gehört zu haben, der auch nur *eine* Hand hatte und als tapferer Reitersmann doch noch lange diente – ich werde das nie vergessen.

(Die zwei Knechte kommen.)

Götz *(zu ihnen. Sie reden heimlich).*

Martin *(fährt inzwischen fort).* Ich werde das nie vergessen, wie er im edelsten einfältigsten Vertrauen auf Gott sprach: „Und wenn ich zwölf Händ hätte und deine Gnad wollt mir nicht, was würden sie mir fruchten? So kann ich mit *einer*“ -

Götz. In den Haslacher Wald also. *(Kehrt sich zu Martin.)* Lebt wohl, werter Bruder Martin. *(Küßt ihn.)*

Martin. Vergeßt mich nicht, wie ich Euer nicht vergesse.

(Götz ab.)

Martin. Wie mir's so eng ums Herz ward, da ich ihn sah. Er redete nichts, und mein Geist konnte doch den seinigen unterscheiden. Es ist eine Wollust, einen großen Mann zu sehn.

Georg. Ehrwürdiger Herr, Ihr schlaft doch bei uns?

Martin. Kann ich ein Bett haben?

Georg. Nein, Herr! ich kenne Betten nur vom Hörensagen, in unsrer Herberg ist nichts als Stroh.

Martin. Auch gut. Wie heißt du?

Georg. Georg, ehrwürdiger Herr!

Martin. Georg! da hast du einen tapfern Patron.

Georg. Sie sagen, er sei ein Reiter gewesen; das will ich auch sein.

Martin. Warte! *(Zieht ein Gebetbuch hervor und gibt dem Buben einen Heiligen.)* Da hast du ihn. Folge seinem Beispiel, sei brav und fürchte Gott! *(Martin geht.)*

Georg. Ach ein schöner Schimmel! wenn ich einmal so einen hätte! – und die goldene Rüstung! – Das ist ein garstiger Drach – Jetzt schieß ich nach Sperlingen – Heiliger Georg! mach mich groß und stark, gib mir so eine Lanze, Rüstung und Pferd, dann laß mir die Drachen kommen!

Jagsthausen. Götzens Burg

Elisabeth. Maria. Karl, sein Söhnchen.

Karl. Ich bitte dich, liebe Tante, erzähl mir das noch einmal vom frommen Kind, 's is gar zu schön.

Maria. Erzähl du mir's, kleiner Schelm, da will ich hören, ob du achtgibst.

Karl. Wart e bis, ich will mich bedenken. – Es war einmal – ja – es war einmal ein Kind, und sein Mutter war krank, da ging das Kind hin -

Maria. Nicht doch. Da sagte die Mutter: „Liebes Kind" -

Karl. „Ich bin krank" -

Maria. „Und kann nicht ausgehn" -

Karl. Und gab ihm Geld und sagte. „Geh hin, und hol dir ein Frühstück." Da kam ein armer Mann -

Maria. Das Kind ging, da begegnet' ihm ein alter Mann, der war – nun Karl!

Karl. Der war – alt –

Maria. Freilich! der kaum mehr gehen konnte, und sagte. „Liebes Kind" -

Karl. „Schenk mir was, ich habe kein Brot gessen gestern und heut." Da gab ihm 's Kind das Geld -

Maria. Das für sein Frühstück sein sollte.

Karl. Da sagte der alte Mann -

Maria. Da nahm der alte Mann das Kind -

Karl. Bei der Hand, und sagte – und ward ein schöner glänzender Heiliger, und sagte: – „Liebes Kind" -

Maria. „Für deine Wohltätigkeit belohnt dich die Mutter Gottes durch mich: welchen Kranken du an rührst“ -

Karl. „Mit der Hand“ – es war die rechte, glaub ich.

Maria. Ja.

Karl. „Der wird gleich gesund.“

Maria. Da lief das Kind nach Haus und konnt für Freuden nichts reden.

Karl. Und fiel seiner Mutter um den Hals und weinte für Freuden -

Maria. Da rief die Mutter: „Wie ist mir!“ und war – nun Karl!

Karl. Und war – und war –

Maria. Du gibst schon nicht acht! – und war gesund. Und das Kind kurierte König und Kaiser, und wurde so reich, daß es ein großes Kloster bauete.

Elisabeth. Ich kann nicht begreifen, wo mein Herr bleibt. Schon fünf Tag und Nächte, daß er weg ist, und er hoffte so bald seinen Streich auszuführen.

Maria. Mich ängstigt's lang. Wenn ich so einen Mann haben sollte, der sich immer Gefahren aussetzte, ich stürbe im ersten Jahr.

Elisabeth. Dafür dank ich Gott, daß er mich härter zusammengesetzt hat.

Karl. Aber muß dann der Vater ausreiten, wenn's so gefährlich ist?

Maria. Es ist sein guter Wille so.

Elisabeth. Wohl muß er, lieber Karl.

Karl. Warum?

Elisabeth. Weißt du noch, wie er das letztemal ausritt, da er dir Weck mitbrachte?

Karl. Bringt er mir wieder mit?

Elisabeth. Ich glaub wohl. Siehst du, da war ein Schneider von Stuttgart, der war ein trefflicher Bogenschütz, und hatte zu Köln auf'm Schießen das Beste gewonnen.

Karl. War's viel?

Elisabeth. Hundert Taler. Und darnach wollten sie's ihm nicht geben.

Maria. Gelt, das ist garstig, Karl?

Karl. Garstige Leut!

Elisabeth. Da kam der Schneider zu deinem Vater und bat ihn, er möchte ihm zu seinem Geld verhelfen. Und da ritt er aus und nahm den Kölnern ein paar Kaufleute weg, und plagte sie so lang, bis sie das Geld herausgaben. Wärst du nicht auch ausgeritten?

Karl. Nein! da muß man durch einen dicken, dicken Wald, sind Zigeuner und Hexen drin.

Elisabeth. Ist ein rechter Bursch, fürcht sich vor Hexen!

Maria. Du tust besser, Karl! leb du einmal auf deinem Schloß als ein frommer christlicher Ritter. Auf seinen eigenen Gütern findet man zum Wohltun Gelegenheit genug. Die rechtschaffensten Ritter begehen mehr Ungerechtigkeit als Gerechtigkeit auf ihren Zügen.

Elisabeth. Schwester, du weißt nicht, was du redst. Gebe nur Gott, daß unser Junge mit der Zeit braver wird, und dem Weislingen nicht nachschlägt, der so treulos an meinem Mann handelt.

Maria. Wir wollen nicht richten, Elisabeth. Mein Bruder ist sehr erbittert, du auch. Ich bin bei der ganzen Sache mehr Zuschauer, und kann billiger sein.

Elisabeth. Er ist nicht zu entschuldigen.

Maria. Was ich von ihm gehört, hat mich eingenommen. Erzählte nicht selbst dein Mann so viel Liebes und Gutes von ihm! Wie glücklich war ihre Jugend, als sie zusammen Edelknaben des Markgrafen waren!

Elisabeth. Das mag sein. Nur sag, was kann der Mensch je Gutes gehabt haben, der seinem besten treusten Freunde nachstellt, seine Dienste den Feinden meines Mannes verkauft, und unsern trefflichen Kaiser der uns so gnädig ist, mit falschen widrigen Vorstellungen einzunehmen sucht.

Karl. Der Vater! der Vater! Der Türner bläst 's Liedel: „Heisa, mach 's Tor auf."

Elisabeth. Da kommt er mit Beute.

(Ein Reiter kommt.)

Reiter. Wir haben, gejagt! wir haben gefangen! Gott grüß Euch, edle Frauen.

Elisabeth. Habt ihr den Weislingen?

Reiter. Ihn und drei Reiter.

Elisabeth. Wie ging's zu, daß ihr so lang ausbleibt?

Reiter. Wir lauerten auf ihn zwischen Nürnberg und Bamberg, er wollte nicht kommen, und wir wußten doch, er war auf dem Wege. Endlich kundschaften wir ihn aus: er war seitwärts gezogen, und saß geruhig beim Grafen auf dem Schwarzenberg.

Elisabeth. Den möchten sie auch gern meinem Mann feind haben.

Reiter. Ich sagt's gleich dem Herrn. Auf! und wir ritten in Haslacher Wald. Und da war's kurios: wie wir so in die Nacht reiten, hüt just ein Schäfer da, und fallen fünf Wölf in die Herd und packten weidlich an. Da lachte unser Herr und sagte: „Glück zu, liebe Gesellen! Glück überall und uns auch!" Und es freuet' uns all das gute Zeichen. Indem so kommt der Weislingen hergeritten mit vier Knechten.

Maria. Das Herz zittert mir im Leibe.

Reiter. Ich und mein Kamerad, wie's der Herr befohlen hatte, nistelten uns an ihn, als wären wir zusammengewachsen, daß er sich nicht regen noch rühren konnte, und der Herr und der Hans fielen über die Knechte her und nahmen sie in Pflicht. Einer ist entwischt.

Elisabeth. Ich bin neugierig, ihn zu sehn. Kommen sie bald?

Reiter. Sie reiten das Tal herauf, in einer Viertelstund sind sie hier.

Maria. Er wird niedergeschlagen sein.

Reiter. Finster genug sieht er aus.

Maria. Sein Anblick wird mir im Herzen weh tun.

Elisabeth. Ah! – Ich will gleich das Essen zurecht machen. Hungrig werdet ihr doch alle sein.

Reiter. Rechtschaffen.

Elisabeth. Nimm den Kellerschlüssel und hol vom besten Wein! Sie haben ihn verdient. *(Ab.)*

Karl. Ich will mit, Tante.

Maria. Komm, Bursch. *(Ab.)*

Reiter. Der wird nicht sein Vater, sonst ging' er mit in Stall!

(Götz. Weislingen. Reitersknechte.)

Götz *(Helm und Schwert auf den Tisch legend)*. Schnallt mir den Harnisch auf, und gebt mir mein Wams. Die Bequemlichkeit wird mir wohl tun. Bruder Martin, du sagtest recht – Ihr habt uns in Atem erhalten, Weislingen.

Weislingen *(antwortet nichts, auf und ab gehend)*.

Götz. Seid gutes Muts. Kommt, entwaffnet Euch. Wo sind Eure Kleider? Ich hoffe, es soll nichts verlorengegangen sein. *(Zum Knecht.)* Frag seine Knechte, und öffnet das Gepäcke, und seht zu, daß nichts abhanden komme. Ich könnt Euch auch von den meinigen borgen.

Weislingen. Laßt mich so, es ist all eins.

Götz. Könnt Euch ein hübsches saubres Kleid geben, ist zwar nur leinen. Mir ist's zu eng worden. Ich hatt's auf der Hochzeit meines gnädigen Herrn des Pfalzgrafen an, eben damals, als Euer Bischof so giftig über mich wurde. Ich hatt' ihm, vierzehn Tag vorher, zwei Schiff auf dem Main niedergeworfen. Und ich geh mit Franzen von Sickingen im Wirtshaus zum Hirsch in Heidelberg die Trepp hinauf. Eh man noch ganz droben ist, ist ein Absatz und ein eisen Geländerlein, da stund der Bischof und gab Franzen die Hand, wie er vorbeiging, und gab sie mir auch, wie ich hintendrein kam. Ich lacht in meinem Herzen, und ging zum Landgrafen von Hanau, der mir gar ein lieber Herr war, und sagte: „Der Bischof hat mir die Hand geben, ich wett, er hat mich nicht gekannt." Das hört' der Bischof, denn ich red't laut mit Fleiß, und kam zu uns trotzig – und sagte: „Wohl, weil ich Euch nicht kannt hab, gab ich Euch die Hand." Da sagt ich: „Herre, ich merkt's wohl, daß Ihr mich nicht kanntet, und hiermit habt Ihr Eure Hand wieder." Da ward das Männlein so rot am Hals wie ein Krebs vor Zorn und lief in die Stube zu Pfalzgraf Ludwig und dem Fürsten von Nassau und klagt's ihnen. Wir haben nachher uns oft was drüber zugute getan.

Weislingen. Ich wollt, Ihr ließt mich allein.

Götz. Warum das? Ich bitt Euch, seid aufgeräumt. Ihr seid in meiner Gewalt, und ich werd sie nicht mißbrauchen.

Weislingen. Dafür war mir's noch nicht bange. Das ist Eure Ritterpflicht.

Götz. Und Ihr wißt, daß die mir heilig ist.

Weislingen. Ich bin gefangen; das übrige ist eins.

Götz. Ihr solltet nicht so reden. Wenn Ihr's mit Fürsten zu tun hättet, und sie Euch in tiefen Turn an Ketten aufhingen, und der Wächter Euch den Schlaf wegpfeifen müßte!

(Die Knechte mit den Kleidern.)

Weislingen *(zieht sich aus und an).*

(Karl kommt.)

Karl. Guten Morgen, Vater!

Götz *(küßt ihn).* Guten Morgen, Junge. Wie habt ihr die Zeit gelebt?

Karl. Recht geschickt, Vater! Die Tante sagt: ich sei recht geschickt.

Götz. So!

Karl. Hast du mir was mitgebracht?

Götz. Diesmal nicht.

Karl. Ich hab viel gelernt.

Götz. Ei!

Karl. Soll ich dir vom frommen Kind erzählen?

Götz. Nach Tische.

Karl. Ich weiß noch was.

Götz. Was wird das sein?

Karl. Jagsthausen ist ein Dorf und Schloß an der Jagst, gehört seit zweihundert Jahren den Herrn von Berlichingen erb- und eigentümlich zu.

Götz. Kennst du den Herrn von Berlichingen?

Karl *(sieht ihn starr an).*

Götz *(vor sich).* Er kennt wohl vor lauter Gelehrsamkeit seinen Vater nicht. – Wem gehört Jagsthausen?

Karl. Jagsthausen ist ein Dorf und Schloß an der Jagst.

Götz. Das frag ich nicht. – Ich kannte alle Pfade, Weg und Furten, eh ich wußte, wie Fluß, Dorf und Burg hieß. – Die Mutter ist in der Küche?

Karl. Ja, Vater! Sie kocht weiße Rüben und ein Lammsbraten.

Götz. Weißt du's auch, Hans Küchenmeister?

Karl. Und für mich zum Nachtisch hat die Tante einen Apfel gebraten.

Götz. Kannst du sie nicht roh essen?

Karl. Schmeckt so besser.

Götz. Du mußt immer was Apartes haben. – Weislingen! ich bin gleich wieder bei Euch. Ich muß meine Frau doch sehn. Komm mit, Karl.

Karl. Wer ist der Mann?

Götz. Grüß ihn. Bitt ihn, er soll lustig sein.

Karl. Da, Mann! hast du eine Hand, sei lustig, das Essen ist bald fertig.

Weislingen *(hebt ihn in die Höh und küßt ihn)*. Glückliches Kind! das kein Übel kennt, als wenn die Suppe lang ausbleibt. Gott laß Euch viel Freud am Knaben erleben, Berlichingen.

Götz. Wo viel Licht ist, ist starker Schatten – doch wär mir's willkommen. Wollen sehn, was es gibt.

(Sie gehn.)

Weislingen. O daß ich aufwachte! und das alles wäre ein Traum! In Berlichingens Gewalt! von dem ich mich kaum losgearbeitet habe, dessen Andenken ich mied wie Feuer, den ich hoffte zu überwältigen! Und er – der alte treuherzige Götz! Heiliger Gott, was will, will aus dem allen werden? Rückgeführt, Adelbert, in den Saal!

wo wir als Buben unsere Jagd trieben – da du ihn liebtest, an ihm hingst wie an deiner Seele. Wer kann ihm nahen und ihn hassen? Ach! ich bin so ganz nichts hier! Glückselige Zeiten, ihr seid vorbei, da noch der alte Berlichingen hier am Kamin saß, da wir um ihn durcheinander spielten und uns liebten wie die Engel. Wie wird sich der Bischof ängstigen, und meine Freunde. Ich weiß, das ganze Land nimmt teil an meinem Unfall. Was ist's! Können sie mir geben, wornach ich strebe?

Götz *(mit einer Flasche Wein und Becher)*. Bis das Essen fertig wird, wollen wir eins trinken. Kommt, setzt Euch, tut, als wenn Ihr zu Hause wärt! Denkt, Ihr seid einmal wieder beim Götz. Haben doch lange nicht beisammengesessen, lang keine Flasche miteinander ausgestochen. *(Bringt's ihm.)* Ein fröhlich Herz!

Weislingen. Die Zeiten sind vorbei.

Götz. Behüte Gott! Zwar vergnügtere Tage werden wir wohl nicht wieder finden als an des Markgrafen Hof, da wir noch beisammenschliefen und miteinander umherzogen. Ich erinnere mich mit Freuden meiner Jugend. Wißt Ihr noch, wie ich mit dem Polacken Händel kriegte, dem ich sein gepicht und gekräuselt Haar von ungefähr mit dem Ärmel verwischt?

Weislingen. Es war bei Tische, und er stach nach Euch mit dem Messer.

Götz. Den schlug ich wacker aus dazumal, und darüber wurdet Ihr mit seinem Kameraden zu Unfried. Wir hielten immer redlich zusammen als gute brave Jungen, dafür erkennte uns auch jedermann. *(Schenkt ein und bringt's.)* Kastor und Pollux! Mir tat's immer im Herzen wohl, wenn uns der Markgraf so nannte.

Weislingen. Der Bischof von Würzburg hatte es aufgebracht.

Götz. Das war ein gelehrter Herr, und dabei so leutselig. Ich erinnere mich seiner, so lange ich lebe, wie er uns liebkoste, unsere Eintracht lobte und den Menschen glücklich pries, der ein Zwillingsbruder seines Freundes wäre.

Weislingen. Nichts mehr davon!

Götz. Warum nicht? Nach der Arbeit wüßt ich nichts Angenehmers, als mich des Vergangenen zu erinnern. Freilich, wenn ich wieder so bedenke, wie wir Liebs und Leids zusammen trugen, einander alles waren, und wie ich damals wähnte, so sollt's unser ganzes Leben sein! War das nicht all mein Trost,, wie mir diese Hand weggeschossen ward vor Landshut, und du mein pflegtest und mehr als Bruder für mich sorgtest? Ich hoffte, Adelbert wird künftig meine rechte Hand sein. Und nun -

Weislingen. Oh!

Götz. Wenn du mir damals gefolgt hättest, da ich dir anlag, mit nach Brabant zu ziehen, es wäre alles gut geblieben. Da hielt dich das unglückliche Hofleben und das Schlenzen und Scherwenzen mit den Weibern. Ich sagt es dir immer, wenn du dich mit den eiteln garstigen Vetteln abgabst und ihnen erzähltest von mißvergnügten Ehen, verführten Mädchen, der rauhen Haut einer Dritten, oder was sie sonst gerne hören: „Du wirst ein Spitzbub“, sagt ich, „Adelbert.“

Weislingen. Wozu soll das alles?

Götz. Wollte Gott, ich könnt's vergessen, oder es wär anders! Bist du nicht ebenso frei, so edel geboren als einer in Deutschland, unabhängig, nur dem Kaiser untertan, und du schmiegst dich unter Vasallen? Was hast du von dem Bischof? Weil er dein Nachbar ist? dich necken könnte? Hast du nicht Arme und Freunde, ihn wieder zu necken? Verkennst den Wert eines freien Rittersmanns, der nur abhängt von Gott, seinem Kaiser und sich selbst! Verkriechst dich zum ersten Hofschranzen eines eigensinnigen neidischen Pfaffen!

Weislingen. Laßt mich reden.

Götz. Was hast du zu sagen?

Weislingen. Du siehst die Fürsten an, wie der Wolf den Hirten. Und doch, darfst du sie schelten, daß sie ihrer Leut und Länder Bestes wahren? Sind sie denn einen Augenblick vor den ungerechten Rittern sicher, die ihre Untertanen auf allen Straßen anfallen, ihre Dörfer und Schlösser verheeren? Wenn nun auf der andern Seite unsers teuern Kaisers Länder der Gewalt des Erbfeindes ausgesetzt sind, er von den Ständen Hülfe begehrt, und sie sich kaum ihres Lebens erwehren: ist's nicht ein guter Geist, der ihnen einrät, auf Mittel zu denken, Deutschland zu beruhigen, Recht und Gerechtigkeit zu handhaben, um einen jeden, Großen und Kleinen, die Vorteile des Friedens genießen zu machen? Und uns verdenkst du's, Berlichingen, daß wir uns in ihren Schutz begeben, deren Hülfe uns nah ist, statt daß die entfernte Majestät sich selbst nicht beschützen kann.

Götz. Ja! ja! Ich versteh! Weislingen, wären die Fürsten, wie Ihr sie schildert, wir hätten alle, was wir begehren. Ruh und Frieden! Ich glaub's wohl! Den wünscht jeder Raubvogel, die Beute nach Bequemlichkeit zu verzehren. Wohlsein eines jeden! Daß sie sich nur darum graue Haare wachsen ließen! Und mit unserm Kaiser spielen sie auf eine unanständige Art. Er meint's gut und möcht gern bessern. Da kommt denn alle Tage ein neuer Pfannenflicker und meint so und so. Und weil der Herr geschwind etwas begreift, und nur reden darf, um tausend Hände in Bewegung zu setzen, so denkt er, es wär auch alles so geschwind und leicht ausgeführt. Nun ergehn Verordnungen über Verordnungen, und wird eine über die andere vergessen; und was den Fürsten in ihren Kram dient, da sind sie hinterher, und gloriieren von Ruh und Sicherheit des Reichs, bis sie die Kleinen unterm Fuß haben. Ich will darauf schwören, es dankt mancher in seinem Herzen Gott, daß der Türk dem Kaiser die Waage hält.

Weislingen. Ihr seht's von Eurer Seite.

Götz. Das tut jeder. Es ist die Frage, auf welcher Licht und Recht ist, und eure Gänge scheuen wenigstens den Tag.

Weislingen. Ihr dürft reden, ich bin der Gefangne.

Götz. Wenn Euer Gewissen rein ist, so seid Ihr frei. Aber wie war's um den Landfrieden? Ich weiß noch, als ein Bub von sechzehn Jahren war ich mit dem Markgrafen auf dem Reichstag. Was die Fürsten da für weite Mäuler machten, und die Geistlichen am ärgsten. Euer Bischof lärmte dem Kaiser die Ohren voll, als wenn ihm wunder wie! die Gerechtigkeit ans Herz gewachsen wäre; und jetzt wirft er mir selbst einen Buben nieder, zur Zeit da unsere Händel vertragen sind, ich an nichts Böses denke. Ist nicht alles zwischen uns geschlichtet? Was hat er mit dem Buben?

Weislingen. Es geschah ohne sein Wissen.

Götz. Warum gibt er ihn nicht wieder los?

Weislingen. Er hat sich nicht aufgeführt, wie er sollte.

Götz. Nicht wie er sollte? Bei meinem Eid, er hat getan, wie er sollte, so gewiß er mit Eurer und des Bischofs Kundschaft gefangen ist. Meint Ihr, ich komm erst heut auf die Welt, daß ich nicht sehen soll, wo alles hinaus will?

Weislingen. Ihr seid argwöhnisch und tut uns unrecht.

Götz. Weislingen, soll ich von der Leber weg reden? Ich bin euch ein Dorn in den Augen, so klein ich bin, und der Sickingen und Selbitz nicht weniger, weil wir fest entschlossen sind, zu sterben eh, als jemanden die Luft zu verdanken, außer Gott, und unsere Treu und Dienst zu leisten, als dem Kaiser. Da ziehen sie nun um mich herum, verschwärzen mich bei Ihro Majestät und ihren Freunden und meinen Nachbarn, und spionieren nach Vorteil über mich. Aus dem Wege wollen sie mich haben, wie's wäre. Darum nahmt ihr meinen Buben gefangen, weil ihr wußtet, ich hatt' ihn auf Kundschaft ausgeschickt; und darum tat er nicht, was er sollte, weil er mich nicht an euch verriet. Und du, Weislingen, bist ihr Werkzeug!

Weislingen. Berlichingen!

Götz. Kein Wort mehr davon! Ich bin ein Feind von Explikationen; man betriegt sich oder den andern, und meist beide.

Karl. Zu Tisch, Vater.

Götz. Fröhliche Botschaft! – Kommt! ich hoffe, meine Weibsleute sollen Euch munter machen. Ihr wart sonst ein Liebhaber, die Fräulein wußten von Euch zu erzählen. Kommt! *(Ab.)*

Im bischöflichen Palaste zu Bamberg. Der Speisesaal

Bischof von Bamberg. Abt von Fulda. Olearius. Liebetraut. Hofleute. An Tafel. Der Nachtisch und die großen Pokale werden aufgetragen.

Bischof. Studieren jetzt viele Deutsche von Adel zu Bologna?

Olearius. Vom Adel- und Bürgerstande. Und ohne Ruhm zu melden, tragen sie das größte Lob davon. Man pflegt im Sprichwort auf der Akademie zu sagen: „So fleißig wie ein Deutscher von Adel." Denn indem die Bürgerlichen einen rühmlichen Fleiß anwenden, durch Talente den Mangel der Geburt zu ersetzen, so bestreben sich jene, mit rühmlicher Wetteiferung, ihre angeborne Würde durch die glänzendsten Verdienste zu erhöhen.

Abt. Ei!

Liebetraut. Sag einer, was man, nicht erlebet. So fleißig wie ein Deutscher von Adel! Das hab ich mein Tage nicht gehört.

Olearius. Ja, sie sind die Bewunderung der ganzen Akademie. Es werden ehestens einige von den ältesten und geschicktesten als

Doktores zurückkommen. Der Kaiser wird glücklich sein, die ersten Stellen damit besetzen zu können.

Bischof. Das kann nicht fehlen.

Abt. Kennen Sie nicht zum Exempel einen Junker? – Er ist aus Hessen -

Olearius. Es sind viel Hessen da.

Abt. Er heißt – er ist – Weiß es keiner von euch? – Seine Mutter war eine von – Oh! Sein Vater hatte nur *ein* Aug – und war Marschall.

Liebetraut. Von Wildenholz?

Abt. Recht – von Wildenholz.

Olearius. Den kenn ich wohl, ein junger Herr von vielen Fähigkeiten. Besonders rühmt man ihn wegen seiner Stärke im Disputieren.

Abt. Das hat er von seiner Mutter.

Liebetraut. Nur wollte sie ihr Mann niemals drum rühmen.

Bischof. Wie sagtet Ihr, daß der Kaiser hieß, der Euer „Corpus Juris" geschrieben hat?

Olearius. Justinianus.

Bischof. Ein trefflicher Herr! er soll leben!

Olearius. Sein Andenken!

(Sie trinken.)

Abt. Es mag ein schön Buch sein.

Olearius. Man möcht's wohl ein Buch aller Bücher nennen; eine Sammlung aller Gesetze; bei jedem Fall der Urteilsspruch bereit; und was ja noch abgängig oder dunkel wäre, ersetzen die Glossen, womit die gelehrtesten Männer das vortrefflichste Werk geschmückt haben.

Abt. Eine Sammlung aller Gesetze! Potz! Da müssen wohl auch die Zehn Gebote drin sein.

Olearius. Implicite wohl, nicht explicite.

Abt. Das mein ich auch, an und vor sich, ohne weitere Explikation.

Bischof. Und was das Schönste ist, so könnte, wie Ihr sagt, ein Reich in sicherster Ruhe und Frieden leben, wo es völlig eingeführt und recht gehandhabt würde.

Olearius. Ohne Frage.

Bischof. Alle Doctores Juris!

Olearius. Ich werd's zu rühmen wissen. *(Sie trinken.)* Wollte Gott, man spräche so in meinem Vaterlande!

Abt. Wo seid Ihr her, hochgelahrter Herr?

Olearius. Von Frankfurt am Main, Ihro Eminenz zu dienen.

Bischof. Steht ihr Herrn da nicht wohl angeschrieben? Wie kommt das?

Olearius. Sonderbar genug. Ich war da, meines Vaters Erbschaft abzuholen; der Pöbel hätte mich fast gesteinigt, wie er hörte, ich sei ein Jurist.

Abt. Behüte Gott!

Olearius. Aber das kommt daher: Der Schöppenstuhl, der in großem Ansehn weit umher steht, ist mit lauter Leuten besetzt, die der Römischen Rechte unkundig sind. Man glaubt, es sei genug, durch Alter und Erfahrung sich eine genaue Kenntnis des innern und äußern Zustandes der Stadt zu erwerben. So werden, nach altem Herkommen und wenigen Statuten, die Bürger und die Nachbarschaft gerichtet.

Abt. Das ist wohl gut.

Olearius. Aber lange nicht genug. Der Menschen Leben ist kurz, und in *einer* Generation kommen nicht alle Kasus vor. Eine Sammlung solcher Fälle von vielen Jahrhunderten ist unser Gesetzbuch. Und dann ist der Wille und die Meinung der Menschen schwankend; dem deucht heute das recht, was der andere morgen mißbilliget; und so ist Verwirrung und Ungerechtigkeit unvermeidlich. Das alles bestimmen die Gesetze; und die Gesetze sind unveränderlich.

Abt. Das ist freilich besser.

Olearius. Das erkennt der Pöbel nicht, der, so gierig er auf Neuigkeiten ist, das Neue höchst verabscheuet, das ihn aus seinem Gleise leiten will, und wenn er sich noch so sehr dadurch verbessert. Sie halten den Juristen so arg, als einen Verwirrer des Staats, einen Beutelschneider, und sind wie rasend, wenn einer dort sich niederzulassen gedenkt.

Liebetraut. Ihr seid von Frankfurt! Ich bin wohl da bekannt. Bei Kaiser Maximilians Krönung haben wir Euern Bräutigams was vorgeschmaust. Euer Name ist Olearius? Ich kenne so niemanden.

Olearius. Mein Vater hieß Öhlmann. Nur, den Mißstand auf dem Titel meiner lateinischen Schriften zu vermeiden, nenn ich mich, nach dem Beispiel und auf Anraten würdiger Rechtslehrer, Olearius.

Liebetraut. Ihr tatet wohl, daß Ihr Euch übersetztet. Ein Prophet gilt nichts in seinem Vaterlande, es hätt' Euch in Eurer Muttersprache auch so gehen können.

Olearius. Es war nicht darum.

Liebetraut. Alle Dinge haben ein paar Ursachen.

Abt. Ein Prophet gilt nichts in seinem Vaterlande!

Liebetraut. Wißt Ihr auch warum, hochwürdiger Herr?

Abt. Weil er da geboren und erzogen ist.

Liebetraut. Wohl! Das mag die *eine* Ursache sein. Die andere ist: Weil, bei einer näheren Bekanntschaft mit den Herrn, der Nimbus von Ehrwürdigkeit und Heiligkeit wegschwindet, den uns eine neblichte Ferne um sie herumlügt; und dann sind sie ganz kleine Stümpfchen Unschlitt.

Olearius. Es scheint, Ihr seid dazu bestellt, Wahrheiten. zu sagen.

Liebetraut. Weil ich 's Herz dazu hab, so fehlt mir's nicht am Maul.

Olearius. Aber doch an Geschicklichkeit, sie wohl anzubringen.

Liebetraut. Schröpfköpfe sind wohl angebracht, wo sie ziehen.

Olearius. Bader erkennt man an der Schürze und nimmt in ihrem Amte ihnen nichts übel. Zur Vorsorge tätet Ihr wohl, wenn Ihr eine Schellenkappe trügt.

Liebetraut. Wo habt Ihr promoviert? Es ist nur zur Nachfrage, wenn mir einmal der Einfall käme, daß ich gleich vor die rechte Schmiede ginge.

Olearius. Ihr seid verwegen.

Liebetraut. Und Ihr sehr breit.

(Bischof und Abt lachen.)

Bischof. Von was anders! – Nicht so hitzig, ihr Herrn. Bei Tisch geht alles drein – Einen andern Diskurs, Liebetraut!

Liebetraut. Gegen Frankfurt liegt ein Ding über, heißt Sachsenhausen -

Olearius *(zum Bischof)*. Was spricht man vom Türkenzug, Ihro Fürstliche Gnaden?

Bischof. Der Kaiser hat nichts Angelegners, als vorerst das Reich zu beruhigen, die Fehden abzuschaffen und das Ansehn der Gerichte zu befestigen. Dann, sagt man, wird er persönlich gegen die Feinde des Reichs und der Christenheit ziehen. Jetzt machen ihm seine

Privathändel noch zu tun, und das Reich ist, trotz ein vierzig Landfrieden, noch immer eine Mördergrube. Franken, Schwaben, der Oberrhein und die angrenzenden Länder werden von übermütigen und kühnen Rittern verheeret. Sickingen, Selbitz mit *einem* Fuß, Berlichingen mit der eisernen Hand spotten in diesen Gegenden des kaiserlichen Ansehens -

Abt. Ja, wenn Ihro Majestät nicht bald dazu tun, so stecken einen die Kerl am End in Sack.

Liebetraut. Das müßt ein Kerl sein, der das Weinfaß von Fuld in den Sack schieben wollte.

Bischof. Besonders ist der letzte seit vielen Jahren mein unversöhnlicher Feind, und molestiert mich unsäglich; aber es soll nicht lang mehr währen, hoff ich. Der Kaiser hält jetzt seinen Hof zu Augsburg. Wir haben unsere Maßregeln genommen, es kann uns nicht fehlen. – Herr Doktor, kennt Ihr Adelberten von Weislingen?

Olearius. Nein, Ihro Eminenz.

Bischof. Wenn Ihr die Ankunft dieses Mannes erwartet, werdet Ihr Euch freuen, den edelsten, verständigsten und angenehmsten Ritter in *einer* Person zu sehen.

Olearius. Es muß ein vortrefflicher Mann sein, der solche Lobeserhebungen aus solch einem Munde verdient.

Liebetraut. Er ist auf keiner Akademie gewesen.

Bischof. Das wissen wir. *(Die Bedienten laufen ans Fenster.)* Was gibt's?

Ein Bedienter. Eben reit Färber, Weislingens Knecht, zum Schloßtor herein.

Bischof. Seht, was er bringt, er wird ihn melden.

(Liebetraut geht. Sie stehn auf und trinken noch eins. – Liebetraut kommt zurück.)

Bischof. Was für Nachrichten?

Liebetraut. Ich wollt, es müßt sie Euch ein andrer sagen. Weislingen ist gefangen.

Bischof. Oh!

Liebetraut. Berlichingen hat ihn und drei Knechte bei Haslach weggenommen. Einer ist entronnen, Euch's anzusagen.

Abt. Eine Hiobspost.

Olearius. Es tut mir von Herzen leid.

Bischof. Ich will den Knecht sehn, bringt ihn herauf – Ich will ihn selbst sprechen. Bringt ihn in mein Kabinett. *(Ab.)*

Abt *(setzt sich).* Noch einen Schluck.

(Die Knechte schenken ein.)

Olearius. Belieben Ihro Hochwürden nicht eine kleine Promenade in den Garten zu machen? Post coenam stabis seu passus mille meabis.

Liebetraut. Wahrhaftig, das Sitzen ist Ihnen nicht gesund. Sie kriegen. noch einen Schlagfluß.

Abt *(hebt sich auf).*

Liebetraut *(vor sich).* Wann ich ihn nur draußen hab, will ich ihm fürs Exerzitium sorgen.

(Gehn ab.)

Jagsthausen

Maria. Weislingen.

Maria. Ihr liebt mich, sagt Ihr. Ich glaub es gerne und hoffe, mit Euch glücklich zu sein und Euch glücklich zu machen.

Weislingen. Ich fühle nichts, als nur daß ich ganz dein bin. *(Er umarmt sie.)*

Maria. Ich bitte Euch, laßt mich. Einen Kuß hab ich Euch zum Gottespfennig erlaubt; Ihr scheint aber schon von dem Besitz nehmen zu wollen, was nur unter Bedingungen Euer ist.

Weislingen. Ihr seid zu streng, Maria! Unschuldige Liebe erfreut die Gottheit, statt sie zu beleidigen.

Maria. Es sei! Aber ich bin nicht dadurch erbaut. Man lehrte mich: Liebkosungen sein wie Ketten, stark durch ihre Verwandtschaft, und Mädchen, wenn sie liebten, sein schwächer als Simson nach Verlust seiner Locken.

Weislingen. Wer lehrte Euch das?

Maria. Die Äbtissin meines Klosters. Bis in mein sechzehntes Jahr war ich bei ihr, und nur mit Euch empfind ich das Glück, das ich in ihrem Umgang genoß. Sie hatte geliebt und durfte reden. Sie hatte ein Herz voll Empfindung! Sie war eine vortreffliche Frau.

Weislingen. Da glich sie dir! *(Er nimmt ihre Hand.)* Wie wird mir's werden, wenn ich Euch verlassen soll!

Maria *(zieht ihre Hand zurück)*. Ein bißchen eng, hoff ich, denn ich weiß, wie's mir sein wird. Aber Ihr sollt fort.

Weislingen. Ja, meine Teuerste, und ich will. Denn ich fühle, welche Seligkeiten ich mir durch dies Opfer erwerbe. Gesegnet sei dein Bruder, und der Tag, an dem er auszog, mich zu fangen!

Maria. Sein Herz war voll Hoffnung für ihn und dich. „Lebt wohl!" sagt' er beim Abschied, „ich will sehen, daß ich ihn wiederfinde."

Weislingen. Er hat's. Wie wünscht ich, die Verwaltung meiner Güter und ihre Sicherheit nicht durch das leidige Hofleben so versäumt zu haben! Du könntest gleich die Meinige sein.

Maria. Auch der Aufschub hat seine Freuden.

Weislingen. Sage das nicht, Maria, ich muß sonst fürchten, du empfindest weniger stark als ich. Doch ich büße verdient; und welche Hoffnungen werden mich auf jedem Schritt begleiten! Ganz der Deine zu sein, nur in dir und dem Kreise von Guten zu leben, von der Welt entfernt, getrennt, alle Wonne zu genießen, die so zwei Herzen, einander gewähren! Was ist die Gnade des Fürsten, was der Beifall der Welt gegen diese einfache Glückseligkeit? Ich habe viel gehofft und gewünscht, das widerfährt mir über alles Hoffen und Wünschen.

(Götz kommt.)

Götz. Euer Knab ist wieder da. Er konnte vor Müdigkeit und Hunger kaum etwas vorbringen. Meine Frau gibt ihm zu essen. So viel hab ich verstanden: der Bischof will den Knaben nicht herausgeben, es sollen Kaiserliche Kommissarien ernannt und ein Tag ausgesetzt werden, wo die Sache dann verglichen werden mag. Dem sei, wie ihm wolle, Adelbert, Ihr seid frei; ich verlange weiter nichts als Eure Hand, daß Ihr ins künftige meinen Feinden weder öffentlich noch heimlich Vorschub tun wollt.

Weislingen. Hier faß ich Eure Hand. Laßt, von diesem Augenblick an, Freundschaft und Vertrauen, gleich einem ewigen Gesetz der Natur, unveränderlich unter uns sein! Erlaubt mir zugleich, diese Hand zu fassen *(er nimmt Mariens Hand)* und den Besitz des edelsten Fräuleins.

Götz. Darf ich ja für Euch sagen?

Maria. Wenn Ihr es mit mir sagt.

Götz. Es ist ein Glück, daß unsere Vorteile diesmal miteinander gehn. Du brauchst nicht rot zu werden. Deine Blicke sind Beweis genug. Ja denn, Weislingen! Gebt Euch die Hände, und so sprech ich Amen! – Mein Freund und Bruder! – Ich danke dir, Schwester! Du kannst mehr als Hanf spinnen. Du hast einen Faden gedreht, diesen Paradiesvogel zu fesseln. Du siehst nicht ganz frei, Adelbert! Was fehlt dir? Ich – bin ganz glücklich; was ich nur träumend hoffte, seh ich, und bin wie träumend. Ach! nun ist mein Traum aus. Mir war's heute nacht, ich gäb dir meine rechte eiserne Hand, und du hieltest mich so fest, daß sie aus den Armschienen ging wie abgebrochen. Ich erschrak und wachte drüber auf. Ich hätte nur fortträumen sollen, da würd ich gesehen haben, wie du mir eine neue lebendige Hand ansetztest – Du sollst mir jetzo fort, dein Schloß und deine Güter in vollkommenen Stand zu setzen. Der verdammte Hof hat dich beides versäumen machen. Ich muß meiner Frau rufen. Elisabeth!

Maria. Mein Bruder ist in voller Freude.

Weislingen. Und doch darf ich ihm den Rang streitig machen.

Götz. Du wirst anmutig wohnen.

Maria. Franken ist ein gesegnetes Land.

Weislingen. Und ich darf wohl sagen, mein Schloß liegt in der gesegnetsten und anmutigsten Gegend.

Götz. Das dürft Ihr, und ich will's behaupten. Hier fließt der Main, und allmählich hebt der Berg an, der, mit Äckern und Weinbergen bekleidet, von Euerm Schloß gekrönt wird, dann biegt sich der Fluß schnell um die Ecke hinter dem Felsen Eures Schlosses hin. Die Fenster des großen Saals gehen steil herab aufs Wasser, eine Aussicht viel Stunden weit.

(Elisabeth kommt.)

Elisabeth. Was schafft ihr?

Götz. Du sollst deine Hand auch dazu geben und sagen: „Gott segne euch!“ Sie sind ein Paar.

Elisabeth. So geschwind!

Götz. Aber nicht unvermutet.

Elisabeth. Möget Ihr Euch so immer nach ihr sehnen als bisher, da ihr um sie warbt! Und dann! Möchtet Ihr so glücklich sein, als Ihr sie lieb behaltet!

Weislingen. Amen! Ich begehre kein Glück als unter diesem Titel.

Götz. Der Bräutigam, meine liebe Frau, tut eine kleine Reise; denn die große Veränderung zieht viel geringe nach sich. Er entfernt sich zuerst vom Bischöflichen Hof, um diese Freundschaft nach und nach erkalten zu lassen. Dann reißt er seine Güter eigennützigen Pachtern aus den Händen. Und – kommt, Schwester, komm, Elisabeth! Wir wollen ihn allein lassen. Sein Knab hat ohne Zweifel geheime Aufträge an ihn.

Weislingen. Nichts, als was Ihr wissen dürft.

Götz. Braucht's nicht. – Franken und Schwaben! Ihr seid nun verschwisterter als jemals. Wie wollen wir den Fürsten den Daumen auf dem Aug halten!

(Die drei gehn.)

Weislingen. Gott im Himmel! Konntest du mir Unwürdigem solch eine Seligkeit bereiten? Es ist zu viel für mein Herz. Wie ich von den elenden Menschen abhing, die ich zu beherrschen glaubte, von den Blicken des Fürsten, von dem ehrerbietigen Beifall umher! Götz, teurer Götz, du hast mich mir selbst wiedergegeben, und, Maria, du vollendest meine Sinnesänderung. Ich fühle mich so frei wie in heiterer Luft. Bamberg will ich nicht mehr sehen, will all die schändlichen Verbindungen durchschneiden, die mich unter mir selbst hielten. Mein Herz erweitert sich, hier ist kein beschwerliches Streben nach versagter Größe. So gewiß ist der allein glücklich und groß, der weder zu herrschen noch zu gehorchen braucht, um etwas zu sein!

(Franz tritt auf.)

Franz. Gott grüß Euch, gestrenger Herr! Ich bring Euch so viel Grüße, daß ich nicht weiß, wo anzufangen. Bamberg und zehn Meilen in die Runde entbieten Euch ein tausendfaches: Gott grüß Euch!

Weislingen. Willkommen, Franz! Was bringst du mehr?

Franz. Ihr steht in einem Andenken bei Hof und überall, daß es nicht zu sagen. ist.

Weislingen. Das wird nicht lange dauern.

Franz. So lang Ihr lebt! und nach Eurem Tod wird's heller blinken als die messingenen Buchstaben auf einem Grabstein. Wie man sich Euern Unfall zu Herzen nahm!

Weislingen. Was sagte der Bischof?

Franz. Er war so begierig zu wissen, daß er mit geschäftiger Geschwindigkeit der Fragen meine Antwort verhinderte. Er wußt es zwar schon; denn Färber, der von Haslach entrann, brachte ihm die Botschaft. Aber er wollte alles wissen. Er fragte so ängstlich, ob Ihr nicht versehrt wäret? Ich sagte: „Er ist ganz, von der äußersten Haarspitze bis zum Nagel des kleinen Zehs."

Weislingen. Was sagte er zu den Vorschlägen?

Franz. Er wollte gleich alles herausgeben, den Knaben und noch Geld darauf, nur Euch zu befreien. Da er aber hörte, Ihr solltet ohne das loskommen und nur Euer Wort das Äquivalent gegen den. Buben sein, da wollte er absolut den Berlichingen vertagt haben. Er sagte mir hundert Sachen an Euch – ich hab sie wieder vergessen. Es war eine lange Predigt über die Worte: „Ich kann Weislingen nicht entbehren."

Weislingen. Er wird's lernen müssen!

Franz. Wie meint Ihr? Er sagte: „Mach ihn eilen, es wartet alles auf ihn.“

Weislingen. Es kann warten. Ich gehe nicht nach Hof.

Franz. Nicht nach Hof? Herr! Wie kommt Euch das? Wenn Ihr wüßtet, was ich weiß. Wenn Ihr nur träumen könntet, was ich gesehen habe.

Weislingen. Wie wird dir's?

Franz. Nur von der bloßen Erinnerung komm ich außer mir. Bamberg ist nicht mehr Bamberg, ein Engel in Weibesgestalt macht es zum Vorhofe des Himmels.

Weislingen. Nichts weiter?

Franz. Ich will ein Pfaff werden, wenn Ihr sie sehet und nicht außer Euch kommt.

Weislingen. Wer ist's denn?

Franz. Adelheid von Walldorf.

Weislingen. Die! Ich habe viel von ihrer Schönheit gehört.

Franz. Gehört? Das ist eben, als wenn Ihr sagtet: „Ich hab die Musik gesehen.“ Es ist der Zunge so wenig möglich, eine Linie ihrer Vollkommenheiten auszudrücken, da das Aug sogar in ihrer Gegenwart sich nicht selbst genug ist.

Weislingen. Du bist nicht gescheit.

Franz. Das kann wohl sein. Das letztemal, da ich sie sahe, hatte ich nicht mehr Sinne als ein Trunkener. Oder vielmehr, kann ich sagen, ich fühlte in dem Augenblick, wie's den Heiligen bei himmlischen Erscheinungen sein mag. Alle Sinne stärker, höher, vollkommener, und doch den Gebrauch von keinem.

Weislingen. Das ist seltsam.

Franz. Wie ich von dem Bischof Abschied nahm, saß sie bei ihm. Sie spielten Schach. Er war sehr gnädig, reichte mir seine Hand zu küssen, und sagte mir vieles, davon ich nichts vernahm. Denn ich sah seine Nachbarin, sie hatte ihr Auge aufs Brett geheftet, als wenn sie einem großen Streich nachsänne. Ein feiner lauernder Zug um Mund und Wange! Ich hätt' der elfenbeinerne König sein mögen. Adel und Freundlichkeit herrschten auf ihrer Stirn. Und das blendende Licht des Angesichts und des Busens, wie es von den finstern Haaren erhoben ward!

Weislingen. Du bist drüber gar zum Dichter geworden.

Franz. So fühl ich denn in dem Augenblick, was den Dichter macht, ein volles, ganz von *einer* Empfindung volles Herz! Wie der Bischof endigte und ich mich neigte, sah sie mich an und sagte: „Auch von mir einen Gruß unbekannterweise! Sag ihm, er mag ja bald kommen. Es warten neue Freunde auf ihn; er soll sie nicht verachten, wenn er schon an alten so reich ist." – Ich wollte was antworten, aber der Paß vom Herzen nach der Zunge war versperrt, ich neigte mich. Ich hätte mein Vermögen gegeben, die Spitze ihres kleinen Fingers küssen zu dürfen! Wie ich so stund, warf der Bischof einen Bauern herunter, ich fuhr darnach und rührte im Aufheben den Saum ihres Kleides, das fuhr mir durch alle Glieder, und ich weiß nicht, wie ich zur Tür hinausgekommen bin.

Weislingen. Ist ihr Mann bei Hofe?

Franz. Sie ist schon vier Monat Witwe. Um sich zu zerstreuen, hält sie sich in Bamberg auf. Ihr werdet sie sehen. Wenn sie einen ansieht, ist's, als wenn man in der Frühlingssonne stünde.

Weislingen. Es würde eine schwächere Wirkung auf mich haben.

Franz. Ich höre, Ihr seid so gut als verheiratet.

Weislingen. Wollte, ich wär's. Meine sanfte Marie wird das Glück meines Lebens machen. Ihre süße Seele bildet sich in ihren blauen Augen. Und weiß wie ein Engel des Himmels, gebildet aus Unschuld und Liebe, leitet sie mein Herz zur Ruhe und Glückseligkeit. Pack zusammen! und dann auf mein Schloß! Ich will Bamberg nicht sehen, und wenn Sankt Veit in Person meiner begehrte. *(Geht ab.)*

Franz. Da sei Gott vor! Wollen das Beste hoffen! Maria ist liebreich und schön, und einem Gefangenen und Kranken kann ich's nicht übelnehmen, der sich in sie verliebt. In ihren Augen ist Trost, gesellschaftliche Melancholie. – Aber um dich, Adelheid, ist Leben, Feuer, Mut – Ich würde! – Ich bin ein Narr – dazu machte mich *ein* Blick von ihr. Mein Herr muß hin! Ich muß hin! Und da will ich mich wieder gescheit oder völlig rasend gaffen.

Zweiter Akt

Bamberg. Ein Saal

Bischof, Adelheid spielen Schach. Liebetraut mit einer Zither. Frauen, Hofleute um ihn herum am Kamin.

Liebetraut *(spielt und singt).*

Mit Pfeilen und Bogen
Cupido geflogen,
Die Fackel in Brand,
Wollt mutilich kriegen
Und männilich siegen
Mit stürmender Hand.
　　Auf! Auf!
　　An! An!
Die Waffen erklirrten,
Die Flügelein schwirrten,
Die Augen entbrannt.

Da fand er die Busen
Ach leider so bloß,
Sie nahmen so willig
Ihn all auf den Schoß.
Er schüttet' die Pfeile
Zum Feuer hinein,
Sie herzten und drückten
Und wiegten ihn ein.
Hei ei o! Popeio!

Adelheid. Ihr seid nicht bei Eurem Spiele. Schach dem König!

Bischof. Es ist noch Auskunft.

Adelheid. Lange werdet Ihr's nicht mehr treiben. Schach dem König!

Liebetraut. Dies Spiel spielt ich nicht, wenn ich ein großer Herr wär, und verböt's am Hofe und im ganzen Land.

Adelheid. Es ist wahr, dies Spiel ist ein Probierstein des Gehirns.

Liebetraut. Nicht darum! Ich wollte lieber das Geheul der Totenglocke und ominöser Vögel, lieber das Gebell des knurrischen Hofhunds Gewissen, lieber wollt ich sie durch den tiefsten Schlaf hören, als von Laufern, Springern und andern Bestien das ewige: „Schach dem König!"

Bischof. Wem wird auch das einfallen!

Liebetraut. Einem zum Exempel, der schwach wäre und ein stark Gewissen hätte, wie denn das meistenteils beisammen ist. Sie nennen's ein königlich Spiel und sagen, es sei für einen König erfunden worden, der den Erfinder mit einem Meer von Überfluß belohnt habe. Wenn das wahr ist, so ist mir's, als wenn ich ihn sähe. Er war minorenn an Verstand oder an Jahren, unter der Vormundschaft seiner Mutter oder seiner Frau, hatte Milchhaare im

Bart und Flachshaare um die Schläfe, er war so gefällig wie ein Weidenschößling und spielte gern Dame und mit den Damen, nicht aus Leidenschaft, behüte Gott! nur zum Zeitvertreib. Sein Hofmeister, zu tätig, um ein Gelehrter, zu unlenksam, ein Weltmann zu sein, erfand das Spiel in usum Delphini, das so homogen mit Seiner Majestät war – und so ferner.

Adelheid. Matt! Ihr solltet die Lücken unsrer Geschichtsbücher ausfüllen, Liebetraut.

(Sie stehen auf.)

Liebetraut. Die Lücken unsrer Geschlechtsregister, das wäre profitabler. Seitdem die Verdienste unserer Vorfahren mit ihren Porträts zu einerlei Gebrauch dienen, die leeren Seiten nämlich unsrer Zimmer und unsers Charakters zu tapezieren; da wäre was zu verdienen.

Bischof. Er will nicht kommen, sagtet Ihr!

Adelheid. Ich bitt Euch, schlagt's Euch aus dem Sinn.

Bischof. Was das sein mag?

Liebetraut. Was? Die Ursachen lassen sich herunterbeten wie ein Rosenkranz. Er ist in eine Art von Zerknirschung gefallen, von der ich ihn leicht kurieren wollt.

Bischof. Tut das, reitet zu ihm.

Liebetraut. Meinen Auftrag!

Bischof. Er soll unumschränkt sein. Spare nichts, wenn du ihn zurückbringst.

Liebetraut. Darf ich Euch auch hineinmischen, gnädige Frau?

Adelheid. Mit Bescheidenheit.

Liebetraut. Das ist eine weitläufige Kommission.

Adelheid. Kennt Ihr mich so wenig, oder seid Ihr so jung, um nicht zu wissen, in welchem Ton Ihr mit Weislingen von mir zu reden habt?

Liebetraut. Im Ton einer Wachtelpfeife, denk ich.

Adelheid. Ihr werdet nie gescheit werden!

Liebetraut. Wird man das, gnädige Frau?

Bischof. Geht, geht. Nehmt das beste Pferd aus meinem Stall, wählt Euch Knechte, und schafft mir ihn her!

Liebetraut. Wenn ich ihn nicht herbanne, so sagt: ein altes Weib, das Warzen und Sommerflecken vertreibt, verstehe mehr von der Sympathie als ich.

Bischof. Was wird das helfen! Berlichingen hat ihn ganz eingenommen. Wenn er herkommt, wird er wieder fort wollen.

Liebetraut. Wollen, das ist keine Frage, aber ob er kann. Der Händedruck eines Fürsten, und das Lächeln einer schönen Frau! Da reißt sich kein Weisling los. Ich eile und empfehle mich zu Gnaden.

Bischof. Reist wohl.

Adelheid. Adieu.

(Er geht.)

Bischof. Wenn er einmal hier ist, verlaß ich mich auf Euch.

Adelheid. Wollt Ihr mich zur Leimstange brauchen?

Bischof. Nicht doch.

Adelheid. Zum Lockvogel denn?

Bischof. Nein, den spielt Liebetraut. Ich bitt Euch, versagt mir nicht, was mir sonst niemand gewähren kann.

Adelheid. Wollen sehn.

Jagsthausen

Hans von Selbitz. Götz.

Selbitz. Jedermann wird Euch loben, daß Ihr denen von Nürnberg Fehd angekündigt habt.

Götz. Es hätte mir das Herz abgefressen, wenn ich's ihnen hätte lang schuldig bleiben sollen. Es ist am Tag, sie haben den Bambergern meinen Buben verraten. Sie sollen an mich denken!

Selbitz. Sie haben einen alten Groll gegen Euch.

Götz. Und ich wider sie; mir ist gar recht, daß sie angefangen haben.

Selbitz. Die Reichsstädte und Pfaffen halten doch von jeher zusammen.

Götz. Sie haben's Ursach.

Selbitz. Wir wollen ihnen die Hölle heiß machen.

Götz. Ich zählte auf Euch. Wollte Gott, der Burgemeister von Nürnberg, mit der güldenen Kett um den Hals, käm uns in Wurf, er sollt sich mit all seinem Witz verwundern.

Selbitz. Ich höre, Weislingen ist wieder auf Eurer Seite. Tritt er zu uns?

Götz. Noch nicht; es hat seine Ursachen, warum er uns noch nicht öffentlich Vorschub tun darf; doch ist's eine Weile genug, daß er nicht wider uns ist. Der Pfaff ist ohne ihn, was das Meßgewand ohne den Pfaffen.

Selbitz. Wann ziehen wir aus?

Götz. Morgen oder übermorgen. Es kommen nun bald Kaufleute von Bamberg und Nürnberg aus der Frankfurter Messe. Wir werden einen guten Fang tun.

Selbitz. Will's Gott. *(Ab.)*

Bamberg. Zimmer der Adelheid

Adelheid. Kammerfräulein.

Adelheid. Er ist da! sagst du. Ich glaub es kaum.

Fräulein. Wenn ich ihn nicht selbst gesehn hätte, würd ich sagen, ich zweifle.

Adelheid. Den Liebetraut mag der Bischof in Gold einfassen: er hat ein Meisterstück gemacht.

Fräulein. Ich sah ihn, wie er zum Schloß hereinreiten wollte, er saß auf einem Schimmel. Das Pferd scheute, wie's an die Brücke kam, und wollte nicht von der Stelle. Das Volk war aus allen Straßen gelaufen, ihn zu sehn. Sie freuten sich über des Pferds Unart. Von allen Seiten ward er gegrüßt, und er dankte allen. Mit einer angenehmen Gleichgültigkeit saß er droben, und mit Schmeicheln und Drohen bracht er es endlich zum Tor herein, der Liebetraut mit, und wenig Knechte.

Adelheid. Wie gefällt er dir?

Fräulein. Wie mir nicht leicht ein Mann gefallen hat. Er glich dem Kaiser hier *(deutet auf Maximilians Porträt)*, als wenn er sein Sohn wäre. Die Nase nur etwas kleiner, ebenso freundliche lichtbraune Augen, ebenso ein blondes schönes Haar, und gewachsen wie eine Puppe. Ein halb trauriger Zug auf seinem Gesicht – ich weiß nicht – gefiel mir so wohl!

Adelheid. Ich bin neugierig, ihn zu sehen.

Fräulein. Das wär ein Herr für Euch.

Adelheid. Närrin!

Fräulein. Kinder und Narren -

(Liebetraut kommt.)

Liebetraut. Nun, gnädige Frau, was verdien ich?

Adelheid. Hörner von deinem Weibe. Denn nach dem zu rechnen, habt Ihr schon manches Nachbars ehrliches Hausweib aus ihrer Pflicht hinausgeschwatzt.

Liebetraut. Nicht doch, gnädige Frau! Auf ihre Pflicht, wollt Ihr sagen; denn wenn's ja geschah, schwatzt ich sie auf ihres Mannes Bette.

Adelheid. Wie habt Ihr's gemacht, ihn herzubringen?

Liebetraut. Ihr wißt zu gut, wie man Schnepfen fängt; soll ich Euch meine Kunststückchen noch dazu lehren? – Erst tat ich, als wüßt ich nichts, verstünd nichts von seiner Aufführung, und setzt ihn dadurch in den Nachteil, die ganze Historie zu erzählen. Die sah ich nun gleich von einer ganz andern Seite an als er, konnte nicht finden – nicht einsehen – und so weiter. Dann redete ich von Bamberg allerlei durcheinander, Großes und Kleines, erweckte gewisse alte Erinnerungen, und wie ich seine Einbildungskraft beschäftigt hatte, knüpfte ich wirklich eine Menge Fädchen wieder an, die ich zerrissen fand. Er wußte nicht, wie ihm geschah, fühlte einen neuen Zug nach Bamberg, er wollte – ohne zu wollen. Wie er nun in sein Herz ging und das zu entwickeln suchte, und viel zu sehr mit sich beschäftigt war, um auf sich achtzugeben, warf ich ihm ein Seil um den Hals, aus drei mächtigen Stricken, Weiber-, Fürstengunst und Schmeichelei, gedreht, und so hab ich ihn hergeschleppt.

Adelheid. Was sagtet Ihr von mir?

Liebetraut. Die lautre Wahrheit. Ihr hättet wegen Eurer Güter Verdrießlichkeiten – hättet gehofft, da er beim Kaiser so viel gelte, werde er das leicht enden können.

Adelheid. Wohl.

Liebetraut. Der Bischof wird ihn Euch bringen.

Adelheid. Ich erwarte sie. *(Liebetraut ab.)* Mit einem Herzen, wie ich selten Besuch erwarte.

Im Spessart

Berlichingen. Selbitz. Georg als Reitersknecht.

Götz. Du hast ihn nicht angetroffen, Georg!

Georg. Er war tags vorher mit Liebetraut nach Bamberg geritten und zwei Knechte mit.

Götz. Ich seh nicht ein, was das geben soll.

Selbitz. Ich wohl. Eure Versöhnung war ein wenig zu schnell, als daß sie dauerhaft hätte sein sollen. Der Liebetraut ist ein pfiffiger Kerl; von dem hat er sich beschwätzen lassen.

Götz. Glaubst du, daß er bundbrüchig werden wird?

Selbitz. Der erste Schritt ist getan.

Götz. Ich glaub's nicht. Wer weiß, wie nötig es war, an Hof zu gehen; man ist ihm noch schuldig; wir wollen das Beste hoffen.

Selbitz. Wollte Gott, er verdient' es und täte das Beste!

Götz. Mir fällt eine List ein. Wir wollen Georgen des Bamberger Reiters erbeuteten Kittel anziehen und ihm das Geleitzeichen geben; er mag nach Bamberg reiten und sehen, wie's steht.

Georg. Da hab ich lange drauf gehofft.

Götz. Es ist dein erster Ritt. Sei vorsichtig, Knabe! Mir wäre leid, wenn dir ein Unfall begegnen sollt.

Georg. Laßt nur, mich irrt's nicht, wenn noch so viel um mich herumkrabbeln, mir ist's, als wenn's Ratten und Mäuse wären. *(Ab.)*

Bamberg

Bischof. Du willst dich nicht länger halten lassen!

Weislingen. Ihr werdet nicht verlangen, daß ich meinen Eid brechen soll.

Bischof. Ich hätte verlangen können, du solltest ihn nicht schwören. Was für ein Geist regierte dich? Konnt ich dich ohne das nicht befreien? Gelt ich so wenig am Kaiserlichen Hofe?

Weislingen. Es ist geschehen; verzeiht mir, wenn Ihr könnt.

Bischof. Ich begreif nicht, was nur im geringsten dich nötigte, den Schritt zu tun! Mir zu entsagen? Waren denn nicht hundert andere Bedingungen, loszukommen? Haben wir nicht seinen Buben? Hätt ich nicht Gelds genug gegeben und ihn wieder beruhigt? Unsere Anschläge auf ihn und seine Gesellen wären fortgegangen – Ach ich denke nicht, daß ich mit seinem Freunde rede, der nun wider mich arbeitet und die Minen leicht entkräften kann, die er selbst gegraben hat.

Weislingen. Gnädiger Herr!

Bischof. Und doch – wenn ich wieder dein Angesicht sehe, deine Stimme höre. Es ist nicht möglich, nicht möglich.

Weislingen. Lebt wohl, gnädiger Herr.

Bischof. Ich gebe dir meinen Segen. Sonst, wenn du gingst, sagt ich: „Auf Wiedersehn!“ Jetzt – Wollte Gott, wir sähen einander nie wieder!

Weislingen. Es kann sich vieles ändern.

Bischof. Vielleicht seh ich dich noch einmal, als Feind vor meinen Mauern, die Felder verheeren, die ihren blühenden Zustand dir jetzo danken.

Weislingen. Nein, gnädiger Herr.

Bischof. Du kannst nicht nein sagen. Die weltlichen Stände, meine Nachbarn, haben alle einen Zahn auf mich. Solang ich dich hatte – Geht, Weislingen! Ich habe Euch nichts mehr zu sagen. Ihr habt vieles zunichte gemacht. Geht!

Weislingen. Und ich weiß nicht, was ich sagen soll.

(Bischof ab. – Franz tritt auf.)

Franz. Adelheid erwartet Euch. Sie ist nicht wohl. Und doch will sie Euch ohne Abschied nicht lassen.

Weislingen. Komm.

Franz. Gehn wir denn gewiß?

Weislingen. Noch diesen Abend. -

Franz. Mir ist, als wenn ich aus der Welt sollte.

Weislingen. Mir auch, und noch darzu, als wüßt ich nicht wohin.

Adelheidens Zimmer

Adelheid. Fräulein.

Fräulein. Ihr seht blaß, gnädige Frau.

Adelheid. – Ich lieb ihn nicht, und wollte doch, daß er bliebe. Siehst du, ich könnte mit ihm leben, ob ich ihn gleich nicht zum Manne haben möchte.

Fräulein. Glaubt Ihr, er geht?

Adelheid. Er ist zum Bischof, um Lebewohl zu sagen.

Fräulein. Er hat darnach noch einen schweren Stand.

Adelheid. Wie meinst du?

Fräulein. Was fragt Ihr, gnädige Frau? Ihr habt sein Herz geangelt, und wenn er sich losreißen will, verblutet er.

(Adelheid. Weislingen.)

Weislingen. Ihr seid nicht wohl, gnädige Frau?

Adelheid. Das kann Euch einerlei sein. Ihr verlaßt uns, verlaßt uns auf immer. Was fragt Ihr, ob wir leben oder sterben.

Weislingen. Ihr verkennt mich.

Adelheid. Ich nehme Euch, wie Ihr Euch gebt.

Weislingen. Das Ansehn trügt.

Adelheid. So seid Ihr ein Chamäleon?

Weislingen. Wenn Ihr mein Herz sehen könntet!

Adelheid. Schöne Sachen würden mir vor die Augen kommen.

Weislingen. Gewiß! Ihr würdet Euer Bild drin finden.

Adelheid. In irgendeinem Winkel bei den Porträten ausgestorbener Familien. Ich bitt Euch, Weislingen, bedenkt, Ihr redet mit mir. Falsche Worte gelten zum höchsten, wenn sie Masken unserer Taten sind. Ein Vermummter, der kenntlich ist, spielt eine armselige Rolle. Ihr leugnet Eure Handlungen nicht und redet das Gegenteil; was soll man von Euch halten?

Weislingen. Was Ihr wollt. Ich bin so geplagt mit dem, was ich bin, daß mir wenig bang ist, für was man mich nehmen mag.

Adelheid. Ihr kommt, um Abschied zu nehmen.

Weislingen. Erlaubt mir, Eure Hand zu küssen, und ich will sagen. Lebt wohl. Ihr erinnert mich! Ich bedachte nicht – Ich bin beschwerlich, gnädige Frau.

Adelheid. Ihr legt's falsch aus: ich wollte Euch forthelfen; denn Ihr wollt fort.

Weislingen. O sagt: ich muß. Zöge mich nicht die Ritterpflicht, der heilige Handschlag -

Adelheid. Geht! Geht! Erzählt das Mädchen, die den „Theuerdank“ lesen und sich so einen Mann wünschen. Ritterpflicht! Kinderspiel!

Weislingen. Ihr denkt nicht so.

Adelheid. Bei meinem Eid, Ihr verstellt Euch! Was habt Ihr versprochen? Und wem? Einem Mann, der seine Pflicht gegen den Kaiser und das Reich verkennt, in eben dem Augenblick Pflicht zu leisten, da er durch Eure Gefangennehmung in die Strafe der Acht verfällt. Pflicht zu leisten! die nicht gültiger sein kann als ungerechter gezwungener Eid. Entbinden nicht unsere Gesetze von solchen Schwüren? Macht das Kindern weis, die den Rübezahl glauben. Es stecken andere Sachen dahinter. Ein Feind des Reichs zu werden, ein Feind der bürgerlichen Ruh und Glückseligkeit! Ein Feind des Kaisers! Geselle eines Räubers! du, Weislingen, mit deiner sanften Seele!

Weislingen. Wenn Ihr ihn kenntet -

Adelheid. Ich wollt ihm Gerechtigkeit widerfahren lassen. Er hat eine hohe unbändige Seele. Eben darum wehe dir, Weislingen! Geh und bilde dir ein, Geselle von ihm zu sein. Geh! und laß dich beherrschen. Du bist freundlich, gefällig -

Weislingen. Er ist's auch.

Adelheid. Aber du bist nachgebend und er nicht! Unversehens wird er dich wegreißen, du wirst ein Sklave eines Edelmanns werden, da du Herr von Fürsten sein könntest. – Doch es ist Unbarmherzigkeit, dir deinen zukünftigen Stand zu verleiden.

Weislingen. Hättest du gefühlt, wie liebreich er mir begegnete.

Adelheid. Liebreich! Das rechnest du ihm an? Es war seine Schuldigkeit; und was hättest du verloren, wenn er widerwärtig gewesen wäre? Mir hätte das willkommner sein sollen. Ein übermütiger Mensch wie der -

Weislingen. Ihr redet von Euerm Feind.

Adelheid. Ich redete für Eure Freiheit – Und weiß überhaupt nicht, was ich vor einen Anteil dran nehme. Lebt wohl.

Weislingen. Erlaubt noch einen Augenblick. *(Er nimmt ihre Hand und schweigt.)*

Adelheid. Habt Ihr mir noch was zu sagen?

Weislingen. – – Ich muß fort.

Adelheid. So geht.

Weislingen. Gnädige Frau! – Ich kann nicht.

Adelheid. Ihr müßt.

Weislingen. Soll das Euer letzter Blick sein?

Adelheid. Geht, ich bin krank, sehr zur ungelegnen Zeit.

Weislingen. Seht mich nicht so an.

Adelheid. Willst du unser Feind sein, und wir sollen dir lächeln? Geh!

Weislingen. Adelheid!

Adelheid. Ich hasse Euch!

(Franz kommt.)

Franz. Gnädiger Herr! Der Bischof läßt Euch rufen.

Adelheid. Geht! Geht!

Franz. Er bittet Euch, eilend zu kommen.

Adelheid. Geht! Geht!

Weislingen. Ich nehme nicht Abschied, ich sehe Euch wieder! *(Ab.)*

Adelheid. Mich wieder? Wir wollen dafür sein. Margarete, wenn er kommt, weis ihn ab. Ich bin krank, habe Kopfweh, ich schlafe – Weis ihn ab. Wenn er noch zu gewinnen ist, so ist's auf diesem Wege. *(Ab.)*

Vorzimmer

Weislingen. Franz.

Weislingen. Sie will mich nicht sehn?

Franz. Es wird Nacht, soll ich die Pferde satteln?

Weislingen. Sie will mich nicht sehn?

Franz. Wann befehlen Ihro Gnaden die Pferde?

Weislingen. Es ist zu spät! Wir bleiben hier.

Franz. Gott sei Dank! *(Ab.)*

Weislingen. Du bleibst! Sei auf, deiner Hut, die Versuchung ist groß. Mein Pferd scheute, wie ich zum Schloßtor herein wollte, mein guter Geist stellte sich ihm entgegen, er kannte die Gefahren, die mein hier warteten. – Doch ist's nicht recht, die vielen Geschäfte, die ich dem Bischof unvollendet liegen ließ, nicht wenigstens so zu ordnen, daß ein Nachfolger da anfangen kann, wo ich's gelassen habe. Das kann ich doch alles tun, unbeschadet Berlichingen und unserer Verbindung. Denn halten sollen sie mich hier nicht. – Wäre doch besser gewesen, wenn ich nicht gekommen wäre. Aber ich will fort – morgen oder übermorgen. *(Geht ab.)*

Im Spessart

Götz. Selbitz. Georg.

Selbitz. Ihr seht, es ist gegangen, wie ich gesagt habe.

Götz. Nein! Nein! Nein!

Georg. Glaubt, ich berichte Euch mit der Wahrheit. Ich tat, wie Ihr befahlt, nahm den Kittel des Bambergischen und sein Zeichen, und damit ich doch mein Essen und Trinken verdiente, geleitete ich Reineckische Bauern hinauf nach Bamberg.

Selbitz. In der Verkappung? Das hätte dir übel geraten können.

Georg. So denk ich auch hintendrein. Ein Reitersmann, der das voraus denkt, wird keine weiten Sprünge machen. Ich kam nach Bamberg, und gleich im Wirtshaus hörte ich erzählen: Weislingen und der Bischof seien ausgesöhnt, und man redte viel von einer Heirat mit der Witwe des von Walldorf.

Götz. Gespräche.

Georg. Ich sah ihn, wie er sie zur Tafel führte. Sie ist schön, bei meinem Eid, sie ist schön. Wir bückten uns alle, sie dankte uns allen, er nickte mit dem Kopf, sah sehr vergnügt, sie gingen vorbei, und das Volk murmelte: „Ein schönes Paar!"

Götz. Das kann sein.

Georg. Hört weiter. Da er des andern Tags in die Messe ging, paßt ich meine Zeit ab. Er war allein mit einem Knaben. Ich stund unten an der Treppe und sagte leise zu ihm: „Ein paar Worte von Euerm Berlichingen." Er ward bestürzt; ich sahe das Geständnis seines Lasters in seinem Gesicht, er hatte kaum das Herz, mich anzusehen, mich, einen schlechten Reitersjungen.

Selbitz. Das macht, sein Gewissen war schlechter als dein Stand.

Georg. „Du bist Bambergisch?“ sagt' er. – „Ich bring einen Gruß vom Ritter Berlichingen“, sagt ich, „und soll fragen -“ – „Komm morgen früh“, sagt' er, „an mein Zimmer, wir wollen weiterreden.“

Götz. Kamst du?

Georg. Wohl kam ich, und mußt im Vorsaal stehn, lang, lang. Und die seidnen Buben beguckten mich von vorn und hinten. Ich dachte, guckt ihr – Endlich führte man mich hinein, er schien böse, mir war's einerlei. Ich trat zu ihm und legte meine Kommission ab. Er tat feindlich böse, wie einer, der kein Herz hat und 's nit will merken lassen. Er verwunderte sich, daß Ihr ihn durch einen Reitersjungen zur Rede setzen ließt. Das verdroß mich. Ich sagte, es gäbe nur zweierlei Leut, brave und Schurken, und ich diente Götzen von Berlichingen. Nun fing er an, schwatzte allerlei verkehrtes Zeug, das darauf hinausging: Ihr hättet ihn übereilt, er sei Euch keine Pflicht schuldig und wolle nichts mit Euch zu tun haben.

Götz. Hast du das aus seinem Munde?

Georg. Das und noch mehr – Er drohte mir -

Götz. Es ist genug! Der wäre nun auch verloren! Treu und Glaube, du hast mich wieder betrogen. Arme Marie! Wie werd ich dir's beibringen!

Selbitz. Ich wollte lieber mein ander Bein dazu verlieren, als so ein Hundsfott sein. *(Ab.)*

Bamberg

Adelheid. Weislingen.

Adelheid. Die Zeit fängt mir an unerträglich lang zu werden; reden mag ich nicht, und ich schäme mich, mit Euch zu spielen. Langeweile, du bist ärger als ein kaltes Fieber.

Weislingen. Seid Ihr mich schon müde?

Adelheid. Euch nicht sowohl als Euern Umgang. Ich wollte, Ihr wärt, wo Ihr hinwolltet, und wir hätten Euch nicht gehalten.

Weislingen. Das ist Weibergunst! Erst brütet sie, mit Mutterwärme, unsere liebsten Hoffnungen an; dann, gleich einer unbeständigen Henne, verläßt sie das Nest und übergibt ihre schon keimende Nachkommenschaft dem Tode und der Verwesung.

Adelheid. Scheltet die Weiber! Der unbesonnene Spieler zerbeißt und zerstampft die Karten, die ihn unschuldigerweise verlieren machten. Aber laßt mich Euch was von Mannsleuten erzählen. Was seid denn ihr, um von Wankelmut zu sprechen? Ihr, die ihr selten seid, was ihr sein wollt, niemals, was ihr sein solltet. Könige im Festtagsornat, vom Pöbel beneidet. Was gäb eine Schneidersfrau drum, eine Schnur Perlen um ihren Hals zu haben, von dem Saum eures Kleids, den eure Absätze verächtlich zurückstoßen!

Weislingen. Ihr seid bitter.

Adelheid. Es ist die Antistrophe von Eurem Gesang. Eh ich Euch kannte, Weislingen, ging mir's wie der Schneidersfrau. Der Ruf, hundertzüngig, ohne Metapher gesprochen, hatte Euch so zahnarztmäßig herausgestrichen, daß ich mich überreden ließ zu wünschen: möchtest du doch diese Quintessenz des männlichen Geschlechts, den Phönix Weislingen zu Gesicht kriegen! Ich ward meines Wunsches gewährt.

Weislingen. Und der Phönix präsentierte sich als ein ordinärer Haushahn.

Adelheid. Nein, Weislingen, ich nahm Anteil an Euch.

Weislingen. Es schien so -

Adelheid. Und war. Denn wirklich, ihr übertraft Euern Ruf. Die Menge schätzt nur den Widerschein des Verdienstes. Wie mir's denn nun geht, daß ich über die Leute nicht denken mag, denen ich wohlwill; so lebten wir eine Zeitlang nebeneinander, es fehlte mir was, und ich wußte nicht, was ich an Euch vermißte. Endlich gingen mir die Augen auf. Ich sah statt des aktiven Mannes, der die Geschäfte eines Fürstentums belebte, der sich und seinen Ruhm dabei nicht vergaß, der auf hundert großen Unternehmungen, wie auf übereinander gewälzten Bergen, zu den Wolken hinaufgestiegen war: den sah ich auf einmal, jammernd wie einen kranken Poeten, melancholisch wie ein gesundes Mädchen und müßiger als einen alten Junggesellen. Anfangs schrieb ich's Euerm Unfall zu, der Euch noch neu auf dem Herzen lag, und entschuldigte Euch, so gut ich konnte. Jetzt, da es von Tag zu Tage schlimmer mit Euch zu werden scheint, müßt Ihr mir verzeihen, wenn ich Euch meine Gunst entreiße. Ihr besitzt sie ohne Recht, ich schenkte sie einem andern auf Lebenslang, der sie Euch nicht übertragen konnte.

Weislingen. So laßt mich los.

Adelheid. Nicht, bis alle Hoffnung verloren ist. Die Einsamkeit ist in diesen Umständen gefährlich. – Armer Mensch! Ihr seid so mißmütig, wie einer, dem sein erstes Mädchen untreu wird, und eben darum geb ich Euch nicht auf. Gebt mir die Hand, verzeiht mir, was ich aus Liebe gesagt habe.

Weislingen. Könntest du mich lieben, könntest du meiner heißen Leidenschaft einen Tropfen Linderung gewähren! Adelheid! deine Vorwürfe sind höchst ungerecht. Könntest du den hundertsten Teil ahnen von dem, was die Zeit her in mir arbeitet, du würdest mich nicht mit Gefälligkeit, Gleichgültigkeit und Verachtung so unbarmherzig hin und her zerrissen haben – Du lächelst! – Nach dem übereilten Schritt wieder mit mir selbst einig zu werden, kostete mehr als einen Tag. Wider den Menschen zu arbeiten, dessen Andenken so lebhaft neu in Liebe bei mir ist.

Adelheid. Wunderlicher Mann, der du den lieben kannst, den du beneidest! Das ist, als wenn ich meinem Feinde Proviant zuführte.

Weislingen. Ich fühl's wohl, es gilt hier, kein Säumen. Er ist berichtet, daß ich wieder Weislingen bin, und er wird sich seines Vorteils über uns ersehen. Auch, Adelheid, sind wir nicht so träg, als du meinst. Unsere Reiter sind verstärkt und wachsam, unsere Unterhandlungen gehen fort, und der Reichstag zu Augsburg soll hoffentlich unsere Projekte zur Reife bringen.

Adelheid. Ihr geht hin?

Weislingen. Wenn ich *eine* Hoffnung mitnehmen könnte! *(Küßt ihre Hand.)*

Adelheid. O ihr Ungläubigen! Immer Zeichen und Wunder! Geh, Weislingen, und vollende das Werk. Der Vorteil des Bischofs, der deinige, der meinige, sie sind so verwebt, daß, wäre es auch nur der Politik wegen -

Weislingen. Du kannst scherzen.

Adelheid. Ich scherze nicht. Meine Güter hat der stolze Herzog inne, die deinigen wird Götz nicht lange ungeneckt lassen; und wenn wir nicht zusammenhalten wie unsere Feinde und den Kaiser auf unsere Seite lenken, sind wir verloren.

Weislingen. Mir ist's nicht bange. Der größte Teil der Fürsten ist unserer Gesinnung. Der Kaiser verlangt Hülfe gegen die Türken, und dafür ist's billig, daß er uns wieder beisteht. Welche Wollust wird mir's sein, deine Güter von übermütigen Feinden zu befreien, die unruhigen Köpfe in Schwaben aufs Kissen zu bringen, die Ruhe des Bistums, unser aller herzustellen. Und dann -?

Adelheid. Ein Tag bringt den andern, und beim Schicksal steht das Zukünftige.

Weislingen. Aber wir müssen wollen.

Adelheid. Wir wollen ja.

Weislingen. Gewiß?

Adelheid. Nun ja. Geht.

Weislingen. Zauberin!

Herberge. Bauernhochzeit. Musik und Tanz draußen

Der Brautvater, Götz, Selbitz am Tische. Bräutigam tritt zu ihnen.

Götz. Das Gescheitste war, daß ihr euern Zwist so glücklich und fröhlich durch eine Heirat endigt.

Brautvater. Besser, als ich mir's hätte träumen lassen. In Ruh und Fried mit meinem Nachbar, und eine Tochter wohl versorgt dazu!

Bräutigam. Und ich im Besitz des strittigen Stücks, und drüber den hübschten Backfisch im ganzen Dorf. Wollte Gott, Ihr hättet Euch eher drein geben.

Selbitz. Wie lange habt ihr prozessiert?

Brautvater. An die acht Jahre. Ich wollte lieber noch einmal so lang das Frieren haben, als von vorn anfangen. Das ist ein Gezerre, Ihr glaubt's nicht, bis man den Perücken ein Urteil vom Herzen reißt; und was hat man darnach? Der Teufel hol den Assessor Sapupi! 's is ein verfluchter schwarzer Italiener.

Bräutigam. Ja, das ist ein toller Kerl. Zweimal war ich dort.

Brautvater. Und ich dreimal. Und seht, ihr Herrn: kriegen wir ein Urteil endlich, wo ich so viel Recht hab als er, und er so viel als ich, und wir eben stunden wie die Maulaffen, bis mir unser Herrgott eingab, ihm meine Tochter zu geben und das Zeug dazu.

Götz *(trinkt)*. Gut Vernehmen künftig.

Brautvater. Geb's Gott! Geh aber, wie's will, prozessieren tu ich mein Tag nit mehr. Was das ein Geldspiel kost! Jeden Reverenz, den euch ein Prokurator macht, müßt ihr bezahlen.

Selbitz. Sind ja jährlich Kaiserliche Visitationen da.

Brautvater. Hab nichts davon gehört. Ist mir mancher schöne Taler nebenaus gangen. Das unerhörte Blechen!

Götz. Wie meint Ihr?

Brautvater. Ach, da macht alles hohle Pfötchen. Der Assessor allein, Gott verzeih's ihm, hat mir achtzehn Goldgulden abgenommen.

Bräutigam. Wer?

Brautvater. Wer anders als der Sapupi?

Götz. Das ist schändlich.

Brautvater. Wohl, ich mußt ihm zwanzig erlegen. Und da ich sie ihm hingezahlt hatte, in seinem Gartenhaus, das prächtig ist, im großen Saal, wollt mir vor Wehmut fast das Herz brechen. Denn seht, eines Haus und Hof steht gut, aber wo soll bar Geld herkommen? Ich stund da, Gott weiß, wie mir's war. Ich hatte keinen roten Heller Reisegeld im Sack. Endlich nahm ich mir 's Herz und stellt's ihm vor. Nun er sah, daß mir 's Wasser an die Seele ging, da warf er mir zwei davon zurück und schickt' mich fort.

Bräutigam. Es ist nicht möglich! Der Sapupi?

Brautvater. Wie stellst du dich! Freilich! Kein andrer!

Bräutigam. Den soll der Teufel holen, er hat mir auch funfzehn Goldgülden abgenommen.

Brautvater. Verflucht!

Selbitz. Götz! Wir sind Räuber!

Brautvater. Drum fiel das Urteil so scheel aus. Du Hund!

Götz. Das müßt ihr nicht ungerügt lassen.

Brautvater. Was sollen wir tun?

Götz. Macht euch auf nach Speier, es ist eben Visitationszeit, zeigt's an, sie müssen's untersuchen und euch zu dem Eurigen helfen.

Bräutigam. Denkt Ihr, wir treiben's durch?

Götz. Wenn ich ihm über die Ohren dürfte, wollt ich's euch versprechen.

Selbitz. Die Summe ist wohl einen Versuch wert.

Götz. Bin ich wohl eher um des vierten Teils willen ausgeritten.

Brautvater. Wie meinst du?

Bräutigam. Wir wollen, geh's wie's geh.

(Georg kommt.)

Georg. Die Nürnberger sind im Anzug.

Götz. Wo?

Georg. Wenn wir ganz sachte reiten, packen wir sie zwischen Beerheim und Mühlbach im Wald.

Selbitz. Trefflich!

Götz. Kommt, Kinder. Gott grüß euch! Helf uns allen zum Unsrigen!

Bauer. Großen Dank! Ihr wollt nicht zum Nacht-Ims bleiben?

Götz. Können nicht. Adies.

Dritter Akt

Augsburg. Ein Garten

Zwei Nürnberger Kaufleute.

Erster Kaufmann. Hier wollen wir stehn, denn da muß der Kaiser vorbei. Er kommt eben den langen Gang herauf.

Zweiter Kaufmann. Wer ist bei ihm?

Erster Kaufmann. Adelbert von Weislingen!

Zweiter Kaufmann. Bambergs Freund! Das ist gut.

Erster Kaufmann. Wir wollen einen Fußfall tun, und ich will reden.

Zweiter Kaufmann. Wohl, da kommen sie.

(Kaiser. Weislingen.)

Erster Kaufmann. Er sieht verdrießlich aus.

Kaiser. Ich bin unmutig, Weislingen, und wenn ich auf mein vergangenes Leben zurücksehe, möcht ich verzagt werden; so viel halbe, so viel verunglückte Unternehmungen! und das alles, weil kein Fürst im Reich so klein ist, dem nicht mehr an seinen Grillen gelegen wäre als an meinen Gedanken.

(Die Kaufleute werfen sich ihm zu Füßen.)

Kaufmann. Allerdurchlauchtigster! Großmächtigster!

Kaiser. Wer seid ihr? Was gibt's?

Kaufmann. Arme Kaufleute von Nürnberg, Eurer Majestät Knechte, und flehen um Hülfe. Götz von Berlichingen und Hans von Selbitz haben unser dreißig, die von der Frankfurter Messe kamen, im Bambergischen Geleite niedergeworfen und beraubt; wir bitten Eure

Kaiserliche Majestät um Hülfe, um Beistand, sonst sind wir alle verdorbene Leute, genötigt, unser Brot zu betteln.

Kaiser. Heiliger Gott! Heiliger Gott! Was ist das? Der eine hat nur *eine* Hand, der andere nur *ein* Bein; wenn sie denn erst zwei Hände hätten, und zwei Beine, was wolltet ihr dann tun?

Kaufmann. Wir bitten Eure Majestät untertänigst, auf unsere bedrängten Umstände ein mitleidiges Auge zu werfen.

Kaiser. Wie geht's zu! Wenn ein Kaufmann einen Pfeffersack verliert, soll man das ganze Reich aufmahnen; und wenn Händel vorhanden sind, daran Kaiserlicher Majestät und dem Reich viel gelegen ist, daß es Königreich, Fürstentum, Herzogtum und anders betrifft, so kann euch kein Mensch zusammenbringen.

Weislingen. Ihr kommt zur ungelegnen Zeit. Geht und verweilt einige Tage hier.

Kaufleute. Wir empfehlen uns zu Gnaden. *(Ab.)*

Kaiser. Wieder neue Händel. Sie wachsen nach wie die Köpfe der Hydra.

Weislingen. Und sind nicht auszurotten als mit Feuer und Schwert und einer mutigen Unternehmung.

Kaiser. Glaubt Ihr?

Weislingen. Ich halte nichts für tunlicher, wenn Eure Majestät und die Fürsten sich über andern unbedeutenden Zwist vereinigen könnten. Es ist mit nichten ganz Deutschland, das über Beunruhigung klagt. Franken und Schwaben allein glimmt noch von den Resten des innerlichen verderblichen Bürgerkriegs. Und auch da sind viele der Edeln und Freien, die sich nach Ruhe sehnen. Hätten wir einmal diesen Sickingen, Selbitz – Berlichingen auf die Seite geschafft, das übrige würde bald von sich selbst zerfallen. Denn *sie* sind's, deren Geist die aufrührische Menge belebt.

Kaiser. Ich möchte die Leute gerne schonen, sie sind tapfer und edel. Wenn ich Krieg führte, müßten sie mit mir zu Felde.

Weislingen. Es wäre zu wünschen, daß sie von jeher gelernt hätten, ihrer Pflicht zu gehorchen. Und dann wär es höchst gefährlich, ihre aufrührischen Unternehmungen durch Ehrenstellen zu belohnen. Denn eben diese kaiserliche Mild und Gnade ist's, die sie bisher so ungeheuer mißbrauchten, und ihr Anhang, der sein Vertrauen und Hoffnung darauf setzt, wird nicht ehe zu bändigen sein, bis wir sie ganz vor den Augen der Welt zunichte gemacht und ihnen alle Hoffnung, jemals wieder emporzukommen, völlig abgeschnitten haben.

Kaiser. Ihr ratet also zur Strenge?

Weislingen. Ich sehe kein ander Mittel, den Schwindelgeist, der ganze Landschaften ergreift, zu bannen. Hören wir nicht schon hier und da die bittersten Klagen der Edeln, daß ihre Untertanen, ihre Leibeignen sich gegen sie auflehnen und mit ihnen rechten, ihnen die hergebrachte Oberherrschaft zu schmälern drohen, so daß die gefährlichsten Folgen zu fürchten sind?

Kaiser. Jetzt wär eine schöne Gelegenheit wider den Berlichingen und Selbitz; nur wollt ich nicht, daß ihnen was zuleid geschehe. Gefangen möcht ich sie haben, und dann müßten sie Urfehde schwören, auf ihren Schlössern ruhig zu bleiben und nicht aus ihrem Bann zu gehen. Bei der nächsten Session will ich's vortragen.

Weislingen. Ein freudiger beistimmender Zuruf wird Eurer Majestät das Ende der Rede ersparen. *(Ab.)*

Jagsthausen

Sickingen. Berlichingen.

Sickingen. Ja, ich komme, Eure edle Schwester um ihr Herz und ihre Hand zu bitten.

Götz. So wollt ich, Ihr wärt eher kommen. Ich muß Euch sagen: Weislingen hat während seiner Gefangenschaft ihre Liebe gewonnen, um sie angehalten, und ich sagt sie ihm zu. Ich hab ihn losgelassen, den Vogel, und er verachtet die gütige Hand, die ihm in der Not Futter reichte. Er schwirrt herum, weiß Gott auf welcher Hecke seine Nahrung zu suchen.

Sickingen. Ist das so?

Götz. Wie ich sage.

Sickingen. Er hat ein doppeltes Band zerrissen. Wohl Euch, daß Ihr mit dem Verräter nicht näher verwandt worden.

Götz. Sie sitzt, das arme Mädchen, verjammert und verbetet ihr Leben.

Sickingen. Wir wollen sie singen machen.

Götz. Wie! Entschließet Ihr Euch, eine Verlaßne zu heiraten?

Sickingen. Es macht euch beiden Ehre, von ihm betrogen worden zu sein. Soll darum das arme Mädchen in ein Kloster gehn, weil der erste Mann, den sie kannte, ein Nichtswürdiger war? Nein doch! ich bleibe darauf, sie soll Königin von meinen Schlössern werden.

Götz. Ich sage Euch, sie war nicht gleichgültig gegen ihn.

Sickingen. Traust du mir nicht zu, daß ich den Schatten eines Elenden sollte verjagen können? Laß uns zu ihr! *(Ab.)*

Lager der Reichsexekution

Hauptmann. Offiziere.

Hauptmann. Wir müssen behutsam gehn und unsere Leute so viel möglich schonen. Auch ist unsere gemessene Order, ihn in die Enge zu treiben und lebendig gefangenzunehmen. Es wird schwerhalten, denn wer mag sich an ihn machen?

Erster Offizier. Freilich! Und er wird sich wehren wie ein wildes Schwein. Überhaupt hat er uns sein Lebelang nichts zuleid getan, und jeder wird's von sich schieben, Kaiser und Reich zu Gefallen Arm und Bein daranzusetzen.

Zweiter Offizier. Es wäre eine Schande, wenn wir ihn nicht kriegten. Wenn ich ihn nur einmal beim Lappen habe, er soll nicht loskommen.

Erster Offizier. Faßt ihn nur nicht mit Zähnen, er möchte Euch die Kinnbacken ausziehen. Guter junger Herr, dergleichen Leut packen sich nicht wie ein flüchtiger Dieb.

Zweiter Offizier. Wollen sehn.

Hauptmann. Unsern Brief muß er nun haben. Wir wollen nicht säumen und einen Trupp ausschicken, der ihn beobachten soll.

Zweiter Offizier. Laßt mich ihn führen.

Hauptmann. Ihr seid der Gegend unkundig.

Zweiter Offizier. Ich hab einen Knecht, der hier geboren und erzogen ist.

Hauptmann. Ich bin's zufrieden. *(Ab.)*

Jagsthausen

Sickingen.

Sickingen. Es geht alles nach Wunsch; sie war etwas bestürzt über meinen Antrag und sah mich vom Kopf bis auf die Füße an; ich wette, sie verglich mich mit ihrem Weißfisch. Gott sei Dank, daß ich mich stellen darf. Sie antwortete wenig und durcheinander; desto besser! Es mag eine Zeit kochen. Bei Mädchen, die durch Liebesunglück gebeizt sind, wird ein Heiratsvorschlag bald gar.

(Götz kommt.)

Sickingen. Was bringt Ihr, Schwager?

Götz. In die Acht erklärt!

Sickingen. Was?

Götz. Da lest den erbaulichen Brief. Der Kaiser hat Exekution gegen mich verordnet, die mein Fleisch den Vögeln unter dem Himmel und den Tieren auf dem Felde zu fressen vorschneiden soll.

Sickingen. Erst sollen *sie* dran. Just zur gelegenen Zeit bin ich hier.

Götz. Nein, Sickingen, Ihr sollt fort. Eure großen Anschläge könnten darüber zugrunde gehn, wenn Ihr zu so ungelegner Zeit des Reichs Feind werden wolltet. Auch mir werdet Ihr weit mehr nutzen, wenn Ihr neutral zu sein scheint. Der Kaiser liebt Euch, und das Schlimmste, das mir begegnen kann, ist, gefangen zu werden; dann braucht Euer Vorwort und reißt mich aus einem Elend, in das unzeitige Hülfe uns beide stürzen könnte. Denn was wär's? Jetzo geht der Zug gegen mich; erfahren sie, du bist bei mir, so schicken sie mehr, und wir sind um nichts gebessert. Der Kaiser sitzt an der Quelle, und ich wär schon jetzt unwiederbringlich verloren, wenn man Tapferkeit so geschwind einblasen könnte, als man einen Haufen zusammenblasen kann.

Sickingen. Doch kann ich heimlich ein zwanzig Reiter zu Euch stoßen lassen.

Götz. Gut. Ich hab schon Georgen nach dem Selbitz geschickt, und meine Knechte in der Nachbarschaft herum. Lieber Schwager, wenn meine Leute beisammen sind, es wird ein Häufchen sein, dergleichen wenig Fürsten beisammen gesehen haben.

Sickingen. Ihr werdet gegen die Menge wenig sein.

Götz. Ein Wolf ist einer ganzen Herde Schafe zu viel.

Sickingen. Wenn sie aber einen guten Hirten haben?

Götz. Sorg du. Es sind lauter Mietlinge. Und dann kann der beste Ritter nichts machen, wenn er nicht Herr von seinen Handlungen ist. So kamen sie mir auch einmal, wie ich dem Pfalzgrafen zugesagt hatte, gegen Konrad Schotten zu dienen; da legt' er mir einen Zettel aus der Kanzlei vor, wie ich reiten und mich halten sollt; da warf ich den Räten das Papier wieder dar und sagt: ich wüßt nicht darnach zu handlen, ich weiß nicht, was mir begegnen mag, das steht nicht im Zettel, ich muß die Augen selbst auftun und sehn, was ich zu schaffen hab.

Sickingen. Glück zu, Bruder! Ich will gleich fort und dir schicken, was ich in der Eil zusammentreiben kann.

Götz. Komm noch zu den Frauen, ich ließ sie beisammen. Ich wollte, daß du ihr Wort hättest, ehe du gingst. Dann schick mir die Reiter, und komm heimlich wieder, Marien abzuholen, denn mein Schloß, fürcht ich, wird bald kein Aufenthalt für Weiber mehr sein.

Sickingen. Wollen das Beste hoffen. *(Ab.)*

Bamberg. Adelheidens Zimmer

Adelheid. Franz.

Adelheid. So sind die beiden Exekutionen schon aufgebrochen?

Franz. Ja, und mein Herr hat die Freude, gegen Eure Feinde zu ziehen. Ich wollte gleich mit, so gern ich zu Euch gehe. Auch will ich jetzt wieder fort, um bald mit fröhlicher Botschaft wiederzukehren. Mein Herr hat mir's erlaubt.

Adelheid. Wie steht's mit ihm?

Franz. Er ist munter. Mir befahl er, Eure Hand zu küssen.

Adelheid. Da – deine Lippen sind warm.

Franz *(vor sich, auf die Brust deutend)*. Hier ist's noch wärmer! *(Laut.)* Gnädige Frau, Eure Diener sind die glücklichsten Menschen unter der Sonne.

Adelheid. Wer führt gegen Berlichingen?

Franz. Der von Sirau. Lebt wohl, beste gnädige Frau! Ich will wieder fort. Vergeßt mich nicht.

Adelheid. Du mußt was essen, trinken, und rasten.

Franz. Wozu das? Ich hab Euch ja gesehen. Ich bin nicht müd noch hungrig.

Adelheid. Ich kenne deine Treu.

Franz. Ach, gnädige Frau!

Adelheid. Du hältst's nicht aus, beruhige dich, und nimm was zu dir.

Franz. Eure Sorgfalt für einen armen Jungen! *(Ab.)*

Adelheid. Die Tränen stehn ihm in den Augen. Ich lieb ihn von Herzen. So wahr und warm hat noch niemand an mir gehangen. *(Ab.)*

Jagsthausen

Götz. Georg.

Georg. Er will selbst mit Euch sprechen. Ich kenn ihn nicht; es ist ein stattlicher Mann, mit schwarzen feurigen Augen.

Götz. Bring ihn herein.

(Lerse kommt.)

Götz. Gott grüß Euch! Was bringt Ihr?

Lerse. Mich selbst, das ist nicht viel, doch alles, was es ist, biet ich Euch an.

Götz. Ihr seid mir willkommen, doppelt willkommen, ein braver Mann, und zu dieser Zeit, da ich nicht hoffte, neue Freunde zu gewinnen, eher den Verlust der alten stündlich fürchtete. Gebt mir Euern Namen.

Lerse. Franz Lerse.

Götz. Ich danke Euch, Franz, daß Ihr mich mit einem braven Mann bekannt macht.

Lerse. Ich machte Euch schon einmal mit mir bekannt, aber damals danktet Ihr mir nicht dafür.

Götz. Ich erinnere mich Eurer nicht.

Lerse. Es wäre mir leid. Wißt Ihr noch, wie Ihr um des Pfalzgrafen willen Konrad Schotten feind wart und nach Haßfurt auf die Fastnacht reiten wolltet?

Götz. Wohl weiß ich es.

Lerse. Wißt Ihr, wie Ihr unterwegs bei einem Dorf fünfundzwanzig Reitern entgegenkamt?

Götz. Richtig. Ich hielt sie anfangs nur für zwölfe und teilt meinen Haufen, waren unser sechzehn, und hielt am Dorf hinter der Scheuer, in willens, sie sollten bei mir vorbeiziehen. Dann wollt ich ihnen nachrucken, wie ich's mit dem andern Haufen abgeredt hatte.

Lerse. Aber wir sahn Euch und zogen auf eine Höhe am Dorf. Ihr zogt herbei und hieltet unten. Wie wir sahn, Ihr wolltet nicht heraufkommen, ritten wir herab.

Götz. Da sah ich erst, daß ich mit der Hand in die Kohlen geschlagen hatte. Fünfundzwanzig gegen acht! Da galt's kein Feiern. Erhard Truchseß durchstach mir einen Knecht, dafür rannt ich ihn vom Pferde. Hätten sie sich alle gehalten wie er und ein Knecht, es wäre mein und meines kleinen Häufchens übel gewahrt gewesen.

Lerse. Der Knecht, wovon Ihr sagtet -

Götz. Es war der bravste, den ich gesehen habe. Er setzte mir heiß zu. Wenn ich dachte, ich hätt ihn von mir gebracht, wollte mit andern zu schaffen haben, war er wieder an mir und schlug feindlich zu. Er hieb mir auch durch den Panzerärmel hindurch, daß es ein wenig gefleischt hatte.

Lerse. Habt Ihr's ihm verziehen?

Götz. Er gefiel mir mehr als zu wohl.

Lerse. Nun, so hoff ich, daß Ihr mit mir zufrieden sein werdet; ich hab mein Probstück an Euch selbst abgelegt.

Götz. Bist du's? O willkommen, willkommen! Kannst du sagen, Maximilian, du hast unter deinen Dienern *einen* so geworben!

Lerse. Mich wundert, daß Ihr nicht eh auf mich gefallen seid.

Götz. Wie sollte mir einkommen, daß der mir seine Dienste anbieten würde, der auf das feindseligste mich zu überwältigen trachtete?

Lerse. Eben das, Herr! Von Jugend auf dien ich als Reitersknecht, und hab's mit manchem Ritter aufgenommen. Da wir auf Euch stießen, freut ich mich. Ich kannte Euern Namen, und da lernt ich Euch kennen. Ihr wißt, ich hielt nicht stand; Ihr saht, es war nicht Furcht, denn ich kam wieder. Kurz, ich lernt Euch kennen, und von Stund an beschloß ich, Euch zu dienen.

Götz. Wie lange wollt Ihr bei mir aushalten?

Lerse. Auf ein Jahr. Ohne Entgelt.

Götz. Nein, Ihr sollt gehalten werden wie ein anderer, und drüber, wie der, der mir bei Remlin zu schaffen machte.

(Georg kommt.)

Georg. Hans von Selbitz läßt Euch grüßen. Morgen ist er hier mit funfzig Mann.

Götz. Wohl.

Georg. Es zieht am Kocher ein Trupp Reichsvölker herunter; ohne Zweifel, Euch zu beobachten.

Götz. Wieviel?

Georg. Ihrer funfzig.

Götz. Nicht mehr! Komm, Lerse, wir wollen sie zusammenschmeißen, wenn Selbitz kommt, daß er schon ein Stück Arbeit getan findet.

Lerse. Das soll eine reichliche Vorlese werden.

Götz. Zu Pferde! *(Ab.)*

Wald an einem Morast

Zwei Reichsknechte begegnen einander.

Erster Knecht. Was machst du hier?

Zweiter Knecht. Ich hab Urlaub gebeten, meine Notdurft zu verrichten. Seit dem blinden Lärmen gestern abends ist mir's in die Gedärme geschlagen, daß ich alle Augenblicke vom Pferd muß.

Erster Knecht. Hält der Trupp hier in der Nähe?

Zweiter Knecht. Wohl eine Stunde den Wald hinauf.

Erster Knecht. Wie verläufst du dich denn hieher?

Zweiter Knecht. Ich bitte dich, verrat mich nicht. Ich will aufs nächste Dorf und sehn, ob ich nit mit warmen Überschlägen meinem Übel abhelfen kann. Wo kommst du her?

Erster Knecht. Vom nächsten Dorf. Ich hab unserm Offizier Wein und Brot geholt.

Zweiter Knecht. So, er tut sich was zugut vor unserm Angesicht, und wir sollen fasten! Schön Exempel!

Erster Knecht. Komm mit zurück, Schurke.

Zweiter Knecht. Wär ich ein Narr! Es sind noch viele unterm Haufen, die gern fasteten, wenn sie so weit davon wären als ich.

Erster Knecht. Hörst du! Pferde!

Zweiter Knecht. O weh!

Erster Knecht. Ich klettere auf den Baum.

Zweiter Knecht. Ich steck mich ins Rohr.

(Götz, Lerse, Georg, Knechte zu Pferde.)

Götz. Hier am Teich weg und linker Hand in den Wald, so kommen wir ihnen in Rücken.

(Sie ziehen vorbei.)

Erster Knecht *(steigt vom Baum)*. Da ist nicht gut sein. Michel! Er antwortet nicht? Michel, sie sind fort! *(Er geht nach dem Sumpf.)* Michel! O weh, er ist versunken. Michel! Er hört mich nicht, er ist erstickt. Bist doch krepiert, du Memme. – Wir sind geschlagen. Feinde, überall Feinde!

(Götz, Georg zu Pferde.)

Götz. Halt, Kerl, oder du bist des Todes!

Knecht. Schont meines Lebens!

Götz. Dein Schwert! Georg, führ ihn zu den andern Gefangenen, die Lerse dort unten am Wald hat. Ich muß ihren flüchtigen Führer erreichen. *(Ab.)*

Knecht. Was ist aus unserm Ritter geworden, der uns führte?

Georg. Unterst zu oberst stürzt' ihn mein Herr vom Pferd, daß der Federbusch im Kot stak. Seine Reiter huben ihn aufs Pferd und fort, wie besessen. *(Ab.)*

Lager

Hauptmann. Erster Ritter.

Erster Ritter. Sie fliehen von weitem dem Lager zu.

Hauptmann. Er wird ihnen an den Fersen sein. Laßt ein funfzig ausrücken bis an die Mühle; wenn er sich zu weit verliert, erwischt Ihr ihn vielleicht.

(Ritter ab. – Zweiter Ritter geführt.)

Hauptmann. Wie geht's, junger Herr? Habt Ihr ein paar Zinken abgerennt?

Ritter. Daß dich die Pest! Das stärkste Geweih wäre gesplittert wie Glas. Du Teufel! Er rannt auf mich los, es war mir, als wenn mich der Donner in die Erd hineinschlüg.

Hauptmann. Dankt Gott, daß Ihr noch davongekommen seid.

Ritter. Es ist nichts zu danken, ein paar Rippen sind entzwei. Wo ist der Feldscher? *(Ab.)*

Jagsthausen

Götz. Selbitz.

Götz. Was sagst du zu der Achtserklärung, Selbitz?

Selbitz. Es ist ein Streich von Weislingen.

Götz. Meinst du?

Selbitz. Ich meine nicht, ich weiß.

Götz. Woher?

Selbitz. Er war auf dem Reichstag, sag ich dir, er war um den Kaiser.

Götz. Wohl, so machen wir ihm wieder einen Anschlag zunichte.

Selbitz. Hoff's.

Götz. Wir wollen fort! und soll die Hasenjagd angehn.

Lager

Hauptmann. Ritter.

Hauptmann. Dabei kommt nichts heraus, ihr Herrn. Er schlägt uns einen Haufen nach dem andern, und was nicht umkommt und gefangen wird, das läuft in Gottes Namen lieber nach der Türkei als ins Lager zurück. So werden wir alle Tag schwächer. Wir müssen einmal für allemal ihm zu Leib gehen, und das mit Ernst; ich will selbst dabei sein, und er soll sehn, mit wem er zu tun hat.

Ritter. Wir sind's all zufrieden; nur ist er der Landsart so kundig, weiß alle Gänge und Schliche im Gebirg, daß er so wenig zu fangen ist wie eine Maus auf dem Kornboden.

Hauptmann. Wollen ihn schon kriegen. Erst auf Jagsthausen zu. Mag er wollen oder nicht, er muß herbei, sein Schloß zu verteidigen.

Ritter. Soll unser ganzer Hauf marschieren?

Hauptmann. Freilich! Wißt Ihr, daß wir schon um hundert geschmolzen sind?

Ritter. Drum geschwind, eh der ganze Eisklumpen auftaut; es macht warm in der Nähe, und wir stehn da wie Butter an der Sonne. *(Ab.)*

Gebirg und Wald

Götz. Selbitz. Trupp.

Götz. Sie kommen mit hellem Hauf. Es war hohe Zeit, daß Sickingens Reiter zu uns stießen.

Selbitz. Wir wollen uns teilen. Ich will linker Hand um die Höhe ziehen.

Götz. Gut. Und du, Franz, führe mir die funfzig rechts durch den Wald hinauf; sie kommen über die Heide, ich will gegen ihnen halten. Georg, du bleibst um mich. Und wenn Ihr seht, daß sie mich angreifen, so fallt ungesäumt in die Seiten. Wir wollen sie patschen. Sie denken nicht, daß wir ihnen die Spitze bieten können. *(Ab.)*

Heide

Auf der einen Seite eine Höhe, auf der andern Wald.

Hauptmann. Exekutionszug.

Hauptmann. Er hält auf der Heide! Das ist impertinent. Er soll's büßen. Was! Den Strom nicht zu fürchten, der auf ihn losbraust?

Ritter. Ich wollt nicht, daß Ihr an der Spitze rittet; er hat das Ansehn, als ob er den ersten, der ihn anstoßen möchte, umgekehrt in die Erde pflanzen wollte. Reitet hinterdrein.

Hauptmann. Nicht gern.

Ritter. Ich bitt Euch. Ihr seid noch der Knoten von diesem Bündel Haselruten; löst ihn auf, so knickt er sie Euch einzeln wie Riedgras.

Hauptmann. Trompeter, blas! Und ihr blast ihn weg! *(Ab.)*

(Selbitz hinter der Höhe hervor im Galopp.)

Selbitz. Mir nach! Sie sollen zu ihren Händen rufen: „Multipliziert euch!“ *(Ab.)*

(Lerse aus dem Wald.)

Lerse. Götzen zu Hülf ! Er ist fast umringt. Braver Selbitz, du hast schon Luft gemacht. Wir wollen die Heide mit ihren Distelköpfen besäen. *(Vorbei.)*

(Getümmel.)

Eine Höhe mit einem Wartturn

Selbitz verwundet. Knechte.

Selbitz. Legt mich hieher und kehrt zu Götzen.

Erster Knecht. Laßt uns bleiben, Herr, Ihr braucht unser.

Selbitz. Steig einer auf die Warte und seh, wie's geht.

Erster Knecht. Wie will ich hinaufkommen?

Zweiter Knecht. Steig auf meine Schultern, da kannst du die Lücke reichen und dir bis zur Öffnung hinaufhelfen.

Erster Knecht *(steigt hinauf)*. Ach, Herr!

Selbitz. Was siehest du?

Erster Knecht. Eure Reiter fliehen der Höhe zu.

Selbitz. Höllische Schurken! Ich wollt, sie stünden und ich hätt eine Kugel vorm Kopf. Reit einer hin! und fluch und wetter sie zurück. *(Knecht ab.)* Siehest du Götzen?

Knecht. Die drei schwarzen Federn seh ich mitten im Getümmel.

Selbitz. Schwimm, braver Schwimmer. Ich liege hier!

Knecht. Ein weißer Federbusch, wer ist das?

Selbitz. Der Hauptmann.

Knecht. Götz drängt sich an ihn – Bauz! Er stürzt.

Selbitz. Der Hauptmann?

Knecht. Ja, Herr.

Selbitz. Wohl! Wohl!

Knecht. Weh! Weh! Götzen seh ich nicht mehr.

Selbitz. So stirb, Selbitz!

Knecht. Ein fürchterlich Gedräng, wo er stund. Georgs blauer Busch verschwindt auch.

Selbitz. Komm herunter. Siehst du Lersen nicht?

Knecht. Nichts. Es geht alles drunter und drüber.

Selbitz. Nichts mehr. Komm! Wie halten sich Sickingens Reiter?

Knecht. Gut. – Da flieht einer nach dem Wald. Noch einer! Ein ganzer Trupp! Götz ist hin.

Selbitz. Komm herab.

Knecht. Ich kann nicht. – Wohl! Wohl! Ich sehe Götzen! Ich sehe Georgen!

Selbitz. Zu Pferd?

Knecht. Hoch zu Pferd! Sieg! Sieg! Sie fliehn.

Selbitz. Die Reichstruppen?

Knecht. Die Fahne mittendrin, Götz hintendrein. Sie zerstreuen sich. Götz erreicht den Fähndrich – Er hat die Fahn – Er hält. Eine Handvoll Menschen um ihn herum. Mein Kamerad erreicht ihn – Sie ziehn herauf.

(Götz. Georg. Lerse. Ein Trupp.)

Selbitz. Glück zu, Götz! Sieg! Sieg!

Götz *(steigt vom Pferd).* Teuer! Teuer! Du bist verwundt, Selbitz?

Selbitz. Du lebst und siegst! Ich habe wenig getan. Und meine Hunde von Reitern! Wie bist du davongekommen?

Götz. Diesmal galt's! Und hier Georgen dank ich das Leben, und hier Lersen dank ich's. Ich warf den Hauptmann vom Gaul. Sie stachen mein Pferd nieder und drangen auf mich ein. Georg hieb sich zu mir und sprang ab, ich wie der Blitz auf seinen Gaul, wie der Donner saß er auch wieder. Wie kamst du zum Pferd?

Georg. Einem, der nach Euch hieb, stieß ich meinen Dolch in die Gedärme, wie sich sein Harnisch in die Höhe zog. Er stürzt', und ich half Euch von einem Feind und mir zu einem Pferde.

Götz. Nun staken wir, bis sich Franz zu uns hereinschlug, und da mähten wir von innen heraus.

Lerse. Die Hunde, die ich führte, sollten von außen hineinmähen, bis sich unsere Sensen begegnet hätten; aber sie flohen wie Reichsknechte.

Götz. Es flohe Freund und Feind. Nur du kleiner Hauf hieltest mir den Rücken frei; ich hatte mit den Kerls vor mir genug zu tun. Der Fall ihres Hauptmanns half mir sie schütteln, und sie flohen. Ich habe ihre Fahne und wenig Gefangene.

Selbitz. Der Hauptmann ist Euch entwischt?

Götz. Sie hatten ihn inzwischen gerettet. Kommt, Kinder! kommt, Selbitz! – Macht eine Bahre von Ästen; – du kannst nicht aufs Pferd. Kommt in mein Schloß. Sie sind zerstreut. Aber unser sind wenig, und ich weiß nicht, ob sie Truppen nachzuschicken haben. Ich will euch bewirten, meine Freunde. Ein Glas Wein schmeckt auf so einen Strauß.

Lager

Hauptmann.

Hauptmann. Ich möcht euch alle mit eigner Hand umbringen! Was, fortlaufen! Er hatte keine Handvoll Leute mehr! Fortzulaufen, vor *einem* Mann! Es wird's niemand glauben, als wer über uns zu lachen Lust hat. – Reit herum, Ihr, und Ihr, und Ihr. Wo ihr von unsern zerstreuten Knechten findt, bringt sie zurück oder stecht sie nieder. Wir müssen diese Scharten auswetzen, und wenn die Klingen drüber zugrunde gehen sollten.

Jagsthausen

Götz. Lerse. Georg.

Götz. Wir dürfen keinen Augenblick säumen! Arme Jungen, ich darf euch keine Rast gönnen. Jagt geschwind herum und sucht noch Reiter aufzutreiben. Bestellt sie alle nach Weilern, da sind sie am sichersten. Wenn wir zögern, so ziehen sie mir vors Schloß. *(Die zwei ab.)* Ich muß einen auf Kundschaft ausjagen. Es fängt an heiß zu werden. Und wenn es nur noch brave Kerls wären! aber so ist's die Menge. *(Ab.)*

(Sickingen. Maria.)

Maria. Ich bitte Euch, lieber Sickingen, geht nicht von meinem Bruder! Seine Reiter, Selbitzens, Eure sind zerstreut; er ist allein, Selbitz ist verwundet auf sein Schloß gebracht, und ich fürchte alles.

Sickingen. Seid ruhig, ich gehe nicht weg.

(Götz kommt.)

Götz. Kommt in die Kirch, der Pater wartet. Ihr sollt mir in einer Viertelstund ein Paar sein.

Sickingen. Laßt mich hier.

Götz. In die Kirch sollt Ihr jetzt.

Sickingen. Gern – und darnach?

Götz. Darnach sollt Ihr Eurer Wege gehn.

Sickingen. Götz!

Götz. Wollt Ihr nicht in die Kirche?

Sickingen. Kommt, kommt!

Lager

Hauptmann. Ritter.

Hauptmann. Wie viel sind's in allem?

Ritter. Hundertundfunfzig.

Hauptmann. Von vierhunderten! Das ist arg. Jetzt gleich auf und grad gegen Jagsthausen zu, eh er sich erholt und sich uns wieder in Weg stellt.

Jagsthausen

Götz. Elisabeth. Maria. Sickingen.

Götz. Gott segne euch, geb euch glückliche Tage, und behalte die, die er euch abzieht, für eure Kinder.

Elisabeth. Und die laß er sein, wie ihr seid: rechtschaffen! Und dann laßt sie werden, was sie wollen.

Sickingen. Ich dank euch. Und dank Euch, Maria. Ich führte Euch an den Altar, und Ihr sollt mich zur Glückseligkeit führen.

Maria. Wir wollen zusammen eine Pilgrimschaft nach diesem fremden gelobten Lande antreten.

Götz. Glück auf die Reise!

Maria. So ist's nicht gemeint, wir verlassen Euch nicht.

Götz. Ihr sollt, Schwester.

Maria. Du bist sehr unbarmherzig, Bruder!

Götz. Und Ihr zärtlicher als vorsehend.

(Georg kommt.)

Georg *(heimlich).* Ich kann niemand auftreiben. Ein einziger war geneigt; darnach veränderte er sich und wollte nicht.

Götz. Gut, Georg. Das Glück fängt mir an wetterwendisch zu werden. Ich ahnt's aber. *(Laut.)* Sickingen, ich bitt Euch, geht noch diesen Abend. Beredet Marie. Sie ist Eure Frau. Laßt sie's fühlen. Wenn Weiber quer in unsere Unternehmung treten, ist unser Feind im freien Feld sichrer als sonst in der Burg.

(Knecht kommt.)

Knecht *(leise).* Herr, das Reichsfähnlein ist auf dem Marsch, grad hieher, sehr schnell.

Götz. Ich hab sie mit Rutenstreichen geweckt! Wieviel sind ihrer?

Knecht. Ungefähr zweihundert. Sie können nicht zwei Stunden mehr von hier sein.

Götz. Noch überm Fluß?

Knecht. Ja, Herr.

Götz. Wenn ich nur funfzig Mann hätte, sie sollten mir nicht herüber. Hast du Lersen nicht gesehen?

Knecht. Nein, Herr.

Götz. Biet allen, sie sollen sich bereit halten. – Es muß geschieden sein, meine Lieben. Weine, meine gute Marie, es werden Augenblicke kommen, wo du dich freuen wirst. Es ist besser, du weinst an deinem Hochzeittag, als daß übergroße Freude der Vorbote künftigen Elends wäre. Lebt wohl, Marie. Lebt wohl, Bruder.

Maria. Ich kann nicht von Euch, Schwester. Lieber Bruder, laß uns. Achtest du meinen Mann so wenig, daß du in dieser Extremität seine Hülfe verschmähst?

Götz. Ja, es ist weit mit mir gekommen. Vielleicht bin ich meinem Sturz nahe. Ihr beginnt zu leben, und ihr sollt euch von meinem Schicksal trennen. Ich hab eure Pferde zu satteln befohlen. Ihr müßt gleich fort.

Maria. Bruder! Bruder!

Elisabeth *(zu Sickingen).* Gebt ihm nach! Geht!

Sickingen. Liebe Marie, laßt uns gehen.

Maria. Du auch? Mein Herz wird brechen.

Götz. So bleib denn. In wenigen Stunden wird meine Burg umringt sein.

Maria. Weh! Weh!

Götz. Wir werden uns verteidigen, so gut wir können.

Maria. Mutter Gottes, hab Erbarmen mit uns!

Götz. Und am Ende werden wir sterben, oder uns ergeben. – Du wirst deinen edeln Mann mit mir in *ein* Schicksal geweint haben.

Maria. Du marterst mich.

Götz. Bleib! Bleib! Wir werden zusammen gefangen werden. Sickingen, du wirst mit mir in die Grube fallen! Ich hoffte, du solltest mir heraushelfen.

Maria. Wir wollen fort. Schwester, Schwester!

Götz. Bringt sie in Sicherheit, und dann erinnert Euch meiner.

Sickingen. Ich will ihr Bette nicht besteigen, bis ich Euch außer Gefahr weiß.

Götz. Schwester – liebe Schwester! *(Küßt sie.)*

Sickingen. Fort, fort!

Götz. Noch einen Augenblick – Ich seh Euch wieder. Tröstet Euch. Wir sehn uns wieder.

(Sickingen, Maria ab.)

Götz. Ich trieb sie, und da sie geht, möcht ich sie halten. Elisabeth, du bleibst bei mir!

Elisabeth. Bis in den Tod. *(Ab.)*

Götz. Wen Gott lieb hat, dem geb er so eine Frau!

(Georg kommt.)

Georg. Sie sind in der Nähe, ich habe sie vom Turn gesehen. Die Sonne ging auf, und ich sah ihre Piken blinken. Wie ich sie sah, wollt mir's nicht bänger werden, als einer Katze vor einer Armee Mäuse. Zwar wir spielen die Ratten.

Götz. Seht nach den Torriegeln. Verrammelt's inwendig mit Balken und Steinen. *(Georg ab.)* Wir wollen ihre Geduld für'n Narren halten, und ihre Tapferkeit sollen sie mir an ihren eigenen Nägeln verkäuen. *(Trompeter von außen.)* Aha! ein rotröckiger Schurke, der uns die Frage vorlegen wird, ob wir Hundsfötter sein wollen. *(Er geht ans Fenster.)* Was soll's?

(Man hört in der Ferne reden.)

Götz *(in seinen Bart)*. Einen Strick um deinen Hals.

(Trompeter redet fort.)

Götz. „Beleidiger der Majestät!“ – Die Aufforderung hat ein Pfaff gemacht.

(Trompeter endet.)

Götz *(antwortet)*. Mich ergeben! Auf Gnad und Ungnad! Mit wem redet Ihr! Bin ich ein Räuber! Sag deinem Hauptmann: Vor Ihro

Kaiserliche Majestät hab ich, wie immer, schuldigen Respekt. Er aber, sag's ihm, er kann mich - - - *(Schmeißt das Fenster zu.)*

Belagerung. Küche

Elisabeth. Götz zu ihr.

Götz. Du hast viel Arbeit, arme Frau.

Elisabeth. Ich wollt, ich hätte sie lang. Wir werden schwerlich lang aushalten können.

Götz. Wir hatten nicht Zeit, uns zu versehen.

Elisabeth. Und die vielen Leute, die Ihr zeither gespeist habt. Mit dem Wein sind wir auch schon auf der Neige.

Götz. Wenn wir nur auf einen gewissen Punkt halten, daß sie Kapitulation vorschlagen. Wir tun ihnen brav Abbruch. Sie schießen den ganzen Tag und verwunden unsere Mauern und knicken unsere Scheiben. Lerse ist ein braver Kerl; er schleicht mit seiner Büchse herum; wo sich einer zu nahe wagt, blaff, liegt er.

Knecht. Kohlen, gnädige Frau.

Götz. Was gibt's?

Knecht. Die Kugeln sind alle, wir wollen neue gießen.

Götz. Wie steht's Pulver?

Knecht. So ziemlich. Wir sparen unsere Schüsse wohl aus.

Saal

Lerse mit einer Kugelform. Knecht mit Kohlen.

Lerse. Stell sie daher, und seht, wo ihr im Hause Blei kriegt. Inzwischen will ich hier zugreifen. *(Hebt ein Fenster aus und schlägt die Scheiben ein.)* Alle Vorteile gelten. – So geht's in der Welt, weiß kein Mensch, was aus den Dingen werden kann. Der Glaser, der die Scheiben faßte, dachte gewiß nicht, daß das Blei einem seiner Urenkel garstiges Kopfweh machen könnte! und da mich mein Vater zeugte, dachte er nicht, welcher Vogel unter dem Himmel, welcher Wurm auf der Erde mich fressen möchte.

(Georg kommt mit einer Dachrinne.)

Georg. Da hast du Blei. Wenn du nur mit der Hälfte triffst, so entgeht keiner, der Ihro Majestät ansagen kann: „Herr, wir haben schlecht bestanden."

Lerse *(haut davon).* Ein brav Stück.

Georg. Der Regen mag sich einen andern Weg suchen! ich bin nicht bang davor; ein braver Reiter und ein rechter Regen kommen überall durch.

Lerse. *(Er gießt.)* Halt den Löffel. *(Geht ans Fenster.)* Da zieht so ein Reichsknappe mit der Büchse herum; sie denken, wir haben uns verschossen. Er soll die Kugel versuchen, warm wie sie aus der Pfanne kommt. *(Lädt.)*

Georg *(lehnt den Löffel an).* Laß mich sehn.

Lerse *(schießt).* Da liegt der Spatz.

Georg. Der schoß vorhin nach mir *(sie gießen),* wie ich zum Dachfenster hinausstieg und die Rinne holen wollte. Er traf eine Taube, die nicht weit von mir saß, sie stürzt' in die Rinne; ich dankt ihm für den Braten und stieg mit der doppelten Beute wieder herein.

Lerse. Nun wollen wir wohl laden und im ganzen Schloß herumgehen, unser Mittagessen verdienen.

(Götz kommt.)

Götz. Bleib, Lerse! Ich habe mit dir zu reden! Dich, Georg, will ich nicht von der Jagd abhalten.

(Georg ab.)

Götz. Sie entbieten mir einen Vertrag.

Lerse. Ich will zu ihnen hinaus und hören, was es soll.

Götz. Es wird sein: ich soll mich auf Bedingungen in ritterlich Gefängnis stellen.

Lerse. Das ist nichts. Wie wär's, wenn sie uns freien Abzug eingestünden, da Ihr doch von Sickingen keinen Entsatz erwartet? Wir vergrüben Geld und Silber, wo sie's mit keiner Wünschelrute finden sollten, überließen ihnen das Schloß, und kämen mit Manier davon.

Götz. Sie lassen uns nicht.

Lerse. Es kommt auf eine Prob an. Wir wollen um sicher Geleit rufen, und ich will hinaus. *(Ab.)*

Saal

Götz, Elisabeth, Georg, Knechte bei Tische.

Götz. So bringt uns die Gefahr zusammen. Laßt's euch schmecken, meine Freunde! Vergeßt das Trinken nicht. Die Flasche ist leer. Noch eine, liebe Frau. *(Elisabeth zuckt die Achsel.)* Ist keine mehr da?

Elisabeth *(leise).* Noch *eine*; ich hab sie für dich beiseite gesetzt.

Götz. Nicht doch, Liebe! Gib sie heraus. Sie brauchen Stärkung, nicht ich; es ist ja meine Sache.

Elisabeth. Holt sie draußen im Schrank!

Götz. Es ist die letzte. Und mir ist's, als ob wir nicht zu sparen Ursach hätten. Ich bin lange nicht so vergnügt gewesen. *(Schenkt ein.)* Es lebe der Kaiser!

Alle. Er lebe!

Götz. Das soll unser vorletztes Wort sein, wenn wir sterben! Ich lieb ihn, denn wir haben einerlei Schicksal. Und ich bin noch glücklicher als er. Er muß den Reichsständen die Mäuse fangen, inzwischen die Ratten seine Besitztümer annagen. Ich weiß, er wünscht sich manchmal lieber tot, als länger die Seele eines so krüppligen Körpers zu sein. *(Schenkt ein.)* Es geht just noch ein mal herum. Und wenn unser Blut anfängt, auf die Neige zu gehen, wie der Wein in dieser Flasche erst schwach, dann tropfenweise rinnt *(tröpfelt das Letzte in sein Glas)*, was soll unser letztes Wort sein?

Georg. Es lebe die Freiheit!

Götz. Es lebe die Freiheit!

Alle. Es lebe die Freiheit!

Götz. Und wenn die uns überlebt, können wir ruhig sterben. Denn wir sehen im Geist unsere Enkel glücklich und die Kaiser unsrer Enkel glücklich. Wenn die Diener der Fürsten so edel und frei dienen wie ihr mir, wenn die Fürsten dem Kaiser dienen, wie ich ihm dienen möchte -

Georg. Da müßt's viel anders werden.

Götz. So viel nicht, als es scheinen möchte. Hab ich nicht unter den Fürsten treffliche Menschen gekannt, und sollte das Geschlecht ausgestorben sein? Gute Menschen, die in sich und ihren Untertanen glücklich waren; die einen edeln freien Nachbar neben sich leiden konnten und ihn weder fürchteten noch beneideten; denen das Herz aufging, wenn sie viel ihresgleichen bei sich zu Tisch sahen und nicht erst die Ritter zu Hofschranzen umzuschaffen brauchten, um mit ihnen zu leben.

Georg. Habt Ihr solche Herrn gekannt?,

Götz. Wohl. Ich erinnere mich zeitlebens, wie der Landgraf von Hanau eine Jagd gab und die Fürsten und Herrn, die zugegen waren, unter freiem Himmel speisten und das Landvolk all herbeilief, sie zu sehen. Das war keine Maskerade, die er sich selbst zu Ehren angestellt hatte. Aber die vollen runden Köpfe der Bursche und Mädel, die roten Backen alle, und die wohlhäbigen Männer und stattlichen Greise, und alles fröhliche Gesichter, und wie sie teilnahmen an der Herrlichkeit ihres Herrn, der auf Gottes Boden unter ihnen sich ergetzte!

Georg. Das war ein Herr, vollkommen wie Ihr.

Götz. Sollten wir nicht hoffen, daß mehr solcher Fürsten auf einmal herrschen können? daß Verehrung des Kaisers, Fried und Freundschaft der Nachbarn und Lieb der Untertanen der kostbarste Familienschatz sein wird, der auf Enkel und Urenkel erbt? Jeder würde das Seinige erhalten und in sich selbst vermehren, statt daß sie jetzo nicht zuzunehmen glauben, wenn sie nicht andere verderben.

Georg. Würden wir hernach auch reiten?

Götz. Wollte Gott, es gäbe keine unruhige Köpfe in ganz Deutschland! wir würden noch immer zu tun genug finden. Wir wollten die Gebirge von Wölfen säubern, wollten unserm ruhig ackernden Nachbar einen Braten aus dem Wald holen und dafür die Suppe mit ihm essen. Wär uns das nicht genug, wir wollten uns mit unsern Brüdern, wie Cherubim mit flammenden Schwertern, vor die Grenzen des Reichs gegen die Wölfe die Türken, gegen die Füchse die Franzosen lagern und zugleich unsers teuern Kaisers sehr ausgesetzte Länder und die Ruhe des Reichs beschützen. Das wäre ein Leben! Georg! wenn man seine Haut für die allgemeine Glückseligkeit dransetzte. *(Georg springt auf.)* Wo willst du hin?

Georg. Ach ich vergaß, daß wir eingesperrt sind – und der Kaiser hat uns eingesperrt – und unsere Haut davonzubringen, setzen wir unsere Haut dran?

Götz. Sei gutes Muts.

(Lerse kommt.)

Lerse. Freiheit! Freiheit! Das sind schlechte Menschen, unschlüssige bedächtige Esel. Ihr sollt abziehen mit Gewehr, Pferden und Rüstung. Proviant sollt Ihr dahintenlassen.

Götz. Sie werden sich kein Zahnweh dran kauen.

Lerse *(heimlich)*. Habt Ihr das Silber versteckt?

Götz. Nein! Frau, geh mit Franzen, er hat dir was zu sagen.

(Alle ab.)

Schloßhof

Georg *(im Stall, singt)*.

Es fing ein Knab ein Vögelein,
Hm! Hm!
Da lacht' er in den Käfig 'nein,
Hm! Hm!
So! So!
Hm! Hm!

Der freut' sich traun so läppisch,
Hm! Hm!
Und griff hinein so täppisch,
Hm! Hm!

So! So!
Hm! Hm!
Da flog das Meislein auf ein Haus,
Hm! Hm!
Und lacht' den dummen Buben aus,
Hm! Hm!
So! So!
Hm! Hm!

Götz. Wie steht's?

Georg *(führt sein Pferd heraus)*. Sie sind gesattelt.

Götz. Du bist fix.

Georg. Wie der Vogel aus dem Käfig.

(Alle die Belagerten.)

Götz. Ihr habt eure Büchsen? Nicht doch! Geht hinauf und nehmt die besten aus dem Rüstschrank, es geht in einem hin. Wir wollen vorausreiten.

Georg.

Hm! Hm!
So! So!
Hm! Hm! (Ab.)

Saal

Zwei Knechte am Rüstschrank.

Erster Knecht. Ich nehm die.

Zweiter Knecht. Ich die. Da ist noch eine schönere.

Erster Knecht. Nicht doch! Mach, daß du fortkommst.

Zweiter Knecht. Horch!

Erster Knecht *(springt ans Fenster)*. Hilf, heiliger Gott! sie ermorden unsern Herrn. Er liegt vom Pferd! Georg stürzt!

Zweiter Knecht. Wo retten wir uns! An der Mauer den Nußbaum hinunter ins Feld. *(Ab.)*

Erster Knecht. Franz hält sich noch, ich will zu ihm. Wenn sie sterben, mag ich nicht leben. *(Ab.)*

Vierter Akt

Wirtshaus zu Heilbronn

Götz.

Götz. Ich komme mir vor wie der böse Geist, den der Kapuziner in einen Sack beschwur. Ich arbeite mich ab und fruchte mir nichts. Die Meineidigen!

(Elisabeth kommt.)

Götz. Was für Nachrichten, Elisabeth, von meinen lieben Getreuen?

Elisabeth. Nichts Gewisses. Einige sind erstochen, einige liegen im Turn. Es konnte oder wollte niemand mir sie näher bezeichnen.

Götz. Ist das Belohnung der Treue? des kindlichen Gehorsams? – Auf daß dir's wohl gehe und du lange lebest auf Erden!

Elisabeth. Lieber Mann, schilt unsern himmlischen Vater nicht. Sie haben ihren Lohn, er ward mit ihnen geboren, ein freies edles Herz. Laß sie gefangen sein, sie sind frei! Gib auf die deputierten Räte acht, die großen goldnen Ketten stehen ihnen zu Gesicht -

Götz. Wie dem Schwein das Halsband. Ich möchte Georgen und Franzen geschlossen sehn!

Elisabeth. Es wäre ein Anblick, um Engel weinen zu machen.

Götz. Ich wollt nicht weinen. Ich wollte die Zähne zusammenbeißen und an meinem Grimm kauen. In Ketten meine Augäpfel! Ihr lieben Jungen, hättet ihr mich nicht geliebt! – Ich würde mich nicht satt an ihnen sehen können. – Im Namen des Kaisers ihr Wort nicht zu halten!

Elisabeth. Entschlagt Euch dieser Gedanken. Bedenkt, daß Ihr vor den Räten erscheinen sollt. Ihr seid nicht gestellt, ihnen wohl zu begegnen, und ich fürchte alles.

Götz. Was wollen sie mir anhaben?

Elisabeth. Der Gerichtsbote!

Götz. Esel der Gerechtigkeit! Schleppt ihre Säcke zur Mühle, und ihren Kehrig aufs Feld. Was gibt's?

(Gerichtsdiener kommt.)

Gerichtsdiener. Die Herren Kommissarii sind auf dem Rathause versammelt und schicken nach Euch.

Götz. Ich komme.

Gerichtsdiener. Ich werde Euch begleiten.

Götz. Viel Ehre.

Elisabeth. Mäßigt Euch.

Götz. Sei außer Sorgen. *(Ab.)*

Rathaus

Kaiserliche Räte. Hauptmann. Ratsherren von Heilbronn.

Ratsherr. Wir haben auf Euern Befehl die stärksten und tapfersten Bürger versammelt; sie warten hier in der Nähe auf Euern Wink, um sich Berlichingens zu bemeistern.

Erster Rat. Wir werden Ihro Kaiserlichen Majestät Eure Bereitwilligkeit, Ihrem höchsten Befehl zu gehorchen, mit vielem Vergnügen zu rühmen wissen. – Es sind Handwerker?

Ratsherr. Schmiede, Weinschröter, Zimmerleute, Männer mit geübten Fäusten und hier wohl beschlagen *(auf die Brust deutend)*.

Rat. Wohl.

(Gerichtsdiener kommt.)

Gerichtsdiener. Götz von Berlichingen wartet vor der Tür.

Rat. Laßt ihn herein.

(Götz kommt.)

Götz. Gott grüß euch, ihr Herrn, was wollt ihr mit mir?

Rat. Zuerst, daß Ihr bedenkt: wo Ihr seid? und vor wem?

Götz. Bei meinem Eid, ich verkenn euch nicht, meine Herrn.

Rat. Ihr tut Eure Schuldigkeit.

Götz. Von ganzem Herzen.

Rat. Setzt Euch.

Götz. Da unten hin? Ich kann stehn. Das Stühlchen riecht so nach armen Sündern, wie überhaupt die ganze Stube.

Rat. So steht!

Götz. Zur Sache, wenn's gefällig ist.

Rat. Wir werden in der Ordnung verfahren.

Götz. Bin's wohl zufrieden, wollt, es wär von jeher geschehen.

Rat. Ihr wißt, wie Ihr auf Gnad und Ungnad in unsere Hände kamt.

Götz. Was gebt Ihr mir, wenn ich's vergesse?

Rat. Wenn ich Euch Bescheidenheit geben könnte, würd ich Eure Sache gut machen.

Götz. Gut machen! Wenn Ihr das könntet! Dazu gehört freilich mehr als zum Verderben.

Schreiber. Soll ich das alles protokollieren?

Rat. Was zur Handlung gehört.

Götz. Meinetwegen dürft Ihr's drucken lassen.

Rat. Ihr wart in der Gewalt des Kaisers, dessen väterliche Gnade an den Platz der majestätischen Gerechtigkeit trat, Euch anstatt eines Kerkers Heilbronn, eine seiner geliebten Städte, zum Aufenthalt anwies. Ihr verspracht mit einem Eid, Euch, wie es einem Ritter geziemt, zu stellen und das Weitere demütig zu erwarten.

Götz. Wohl, und ich bin hier und warte.

Rat. Und wir sind hier, Euch Ihro Kaiserlichen Majestät Gnade und Huld zu verkündigen. Sie verzeiht Euch Eure Übertretungen, spricht Euch von der Acht und aller wohlverdienten Strafe los, welches Ihr mit untertänigem Dank erkennen und dagegen die Urfehde abschwören werdet, welche Euch hiermit vorgelesen werden soll.

Götz. Ich bin Ihro Majestät treuer Knecht wie immer. Noch ein Wort, eh Ihr weitergeht: Meine Leute, wo sind die? Was soll mit ihnen werden?

Rat. Das geht Euch nichts an.

Götz. So wende der Kaiser sein Angesicht von Euch, wenn Ihr in Not steckt! Sie waren meine Gesellen, und sind's. Wo habt Ihr sie hingebracht?

Rat. Wir sind Euch davon keine Rechnung schuldig.

Götz. Ah! Ich dachte nicht, daß Ihr nicht einmal zu dem verbunden seid, was Ihr versprecht, geschweige -

Rat. Unsere Kommission ist, Euch die Urfehde vorzulegen. Unterwerft Euch dem Kaiser, und Ihr werdet einen Weg finden, um Eurer Gesellen Leben und Freiheit zu flehen.

Götz. Euern Zettel.

Rat. Schreiber, leset!

Schreiber. „Ich Götz von Berlichingen bekenne öffentlich durch diesen Brief: Daß, da ich mich neulich gegen Kaiser und Reich rebellischerweise aufgelehnt" -

Götz. Das ist nicht wahr. Ich bin kein Rebell, habe gegen Ihro Kaiserliche Majestät nichts verbrochen, und das Reich geht mich nichts an.

Rat. Mäßigt Euch und hört weiter.

Götz. Ich will nichts weiter hören. Tret einer auf und zeuge! Hab ich wider den Kaiser, wider das Haus Österreich nur einen Schritt getan? Hab ich nicht von jeher durch alle Handlungen bewiesen, daß ich besser als einer fühle, was Deutschland seinen Regenten schuldig ist? und besonders was die Kleinen, die Ritter und Freien, ihrem Kaiser schuldig sind? Ich müßte ein Schurke sein, wenn ich mich könnte bereden lassen, das zu unterschreiben.

Rat. Und doch haben wir gemessene Ordre, Euch in der Güte zu überreden, oder im Entstehungsfall Euch in den Turn zu werfen.

Götz. In Turn? mich?

Rat. Und daselbst könnt Ihr Euer Schicksal von der Gerechtigkeit erwarten, wenn Ihr es nicht aus den Händen der Gnade empfangen wollt.

Götz. In Turn! Ihr mißbraucht die Kaiserliche Gewalt. In Turn! Das ist sein Befehl nicht. Was! mir erst, die Verräter! eine Falle zu stellen, und ihren Eid, ihr ritterlich Wort zum Speck drin aufzuhängen! Mir dann ritterlich Gefängnis zusagen, und die Zusage wieder brechen.

Rat. Einem Räuber sind wir keine Treue schuldig.

Götz. Trügst du nicht das Ebenbild des Kaisers, das ich in dem gesudeltsten Konterfei verehre, du solltest mir den Räuber fressen oder dran erwürgen! Ich bin in einer ehrlichen Fehd begriffen. Du könntest Gott danken und dich vor der Welt groß machen, wenn du in deinem Leben eine so edle Tat getan hättest, wie die ist, um welcher willen ich gefangen sitze.

Rat *(winkt dem Ratsherrn, der zieht die Schelle).*

Götz. Nicht um des leidigen Gewinsts willen, nicht um Land und Leute unbewehrten Kleinen wegzukapern, bin ich ausgezogen. Meinen Jungen zu befreien, und mich meiner Haut zu wehren! Seht Ihr was Unrechts dran? Kaiser und Reich hätten unsere Not nicht in ihrem Kopfkissen gefühlt. Ich habe Gott sei Dank noch *eine* Hand, und habe wohl getan, sie zu brauchen.

(Bürger treten herein, Stangen in der Hand, Wehren an der Seite.)

Götz. Was soll das?

Rat. Ihr wollt nicht hören. Fangt ihn!

Götz. Ist das die Meinung? Wer kein ungrischer Ochs ist, komm mir nicht zu nah! Er soll von dieser meiner rechten eisernen Hand eine solche Ohrfeige kriegen, die ihm Kopfweh, Zahnweh und alles Weh der Erden aus dem Grund kurieren soll. *(Sie machen sich an ihn, er schlägt den einen zu Boden, und reißt einem andern die Wehre von der Seite, sie weichen.)* Kommt! Kommt! Es wäre mir angenehm, den Tapfersten unter euch kennenzulernen.

Rat. Gebt Euch.

Götz. Mit dem Schwert in der Hand! Wißt Ihr, daß es jetzt nur an mir läge, mich durch alle diese Hasenjäger durchzuschlagen und das weite Feld zu gewinnen? Aber ich will Euch lehren, wie man Wort hält. Versprecht mir ritterlich Gefängnis, und ich gebe mein Schwert weg und bin wie vorher Euer Gefangener.

Rat. Mit dem Schwert in der Hand wollt Ihr mit dem Kaiser rechten?

Götz. Behüte Gott! Nur mit Euch und Eurer edlen Kompanie. – Ihr könnt nach Hause gehn, gute Leute. Für die Versäumnis kriegt ihr nichts, und zu holen ist hier nichts als Beulen.

Rat. Greift ihn. Gibt euch eure Liebe zu euerm Kaiser nicht mehr Mut?

Götz. Nicht mehr, als ihnen der Kaiser Pflaster gibt, die Wunden zu heilen, die sich ihr Mut holen könnte.

(Gerichtsdiener kommt.)

Gerichtsdiener. Eben ruft der Türner: es zieht ein Trupp von mehr als zweihunderten nach der Stadt zu. Unversehens sind sie hinter der Weinhöhe hervorgedrungen und drohen unsern Mauern.

Ratsherr. Weh uns! was ist das?

(Wache kommt.)

Wache. Franz von Sickingen hält vor dem Schlag und läßt euch sagen: Er habe gehört, wie unwürdig man an seinem Schwager bundbrüchig geworden sei, wie die Herrn von Heilbronn allen Vorschub täten. Er verlange Rechenschaft, sonst wolle er binnen einer Stunde die Stadt an vier Ecken anzünden und sie der Plünderung preisgeben.

Götz. Braver Schwager!

Rat. Tretet ab, Götz! – Was ist zu tun?

Ratsherr. Habt Mitleiden mit uns und unserer Bürgerschaft! Sickingen ist unbändig in seinem Zorn, er ist Mann, es zu halten.

Rat. Sollen wir uns und dem Kaiser die Gerechtsame vergeben?

Hauptmann. Wenn wir nur Leute hätten, sie zu behaupten. So aber könnten wir umkommen, und die Sache wäre nur desto schlimmer. Wir gewinnen im Nachgeben.

Ratsherr. Wir wollen Götzen ansprechen, für uns ein gut Wort einzulegen. Mir ist's, als wenn ich die Stadt schon in Flammen sähe.

Rat. Laßt Götzen herein.

Götz. Was soll's?

Rat. Du würdest wohl tun, deinen Schwager von seinem rebellischen Vorhaben abzumahnen. Anstatt dich vom Verderben zu retten, stürzt er dich tiefer hinein, indem er sich zu deinem Falle gesellt.

Götz *(sieht Elisabeth an der Tür, heimlich zu ihr)*. Geh hin! Sag ihm: er soll unverzüglich hereinbrechen, soll hieher kommen, nur der Stadt kein Leids tun. Wenn sich die Schurken hier widersetzen, soll er Gewalt brauchen. Es liegt mir nichts dran umzukommen, wenn sie nur alle mit erstochen werden.

Ein großer Saal auf dem Rathaus

Sickingen. Götz.
Das ganze Rathaus ist mit Sickingens Reitern besetzt.

Götz. Das war Hülfe vom Himmel! Wie kommst du so erwünscht und unvermutet, Schwager?

Sickingen. Ohne Zauberei. Ich hatte zwei, drei Boten ausgeschickt, zu hören, wie dir's ginge? Auf die Nachricht von ihrem Meineid macht ich mich auf den Weg. Nun haben wir sie.

Götz. Ich verlange nichts als ritterliche Haft.

Sickingen. Du bist zu ehrlich. Dich nicht einmal des Vorteils zu bedienen, den der Rechtschaffene über den Meineidigen hat! Sie sitzen im Unrecht, wir wollen ihnen keine Kissen unterlegen. Sie haben die Befehle des Kaisers schändlich mißbraucht. Und wie ich Ihro Majestät kenne, darfst du sicher auf mehr dringen. Es ist zu wenig.

Götz. Ich bin von jeher mit wenigem zufrieden gewesen.

Sickingen. Und bist von jeher zu kurz gekommen. Meine Meinung ist: sie sollen deine Knechte aus dem Gefängnis und dich zusamt ihnen auf deinen Eid nach deiner Burg ziehen lassen. Du magst versprechen, nicht aus deiner Terminei zu gehen, und wirst immer besser sein als hier.

Götz. Sie werden sagen: Meine Güter seien dem Kaiser heimgefallen.

Sickingen. So sagen wir: Du wolltest zur Miete drin wohnen, bis sie dir der Kaiser wieder zu Lehn gäbe. Laß sie sich wenden wie Aale in der Reuse, sie sollen uns nicht entschlüpfen. Sie werden von Kaiserlicher Majestät reden, von ihrem Auftrag. Das kann uns einerlei sein. Ich kenne den Kaiser auch und gelte was bei ihm. Er hat immer gewünscht, dich unter seinem Heer zu haben. Du wirst nicht lang auf deinem Schlosse sitzen, so wirst du aufgerufen werden.

Götz. Wollte Gott bald, eh ich 's Fechten verlerne.

Sickingen. Der Mut verlernt sich nicht, wie er sich nicht lernt. Sorge für nichts! Wenn deine Sachen in der Ordnung sind, geh ich nach Hof, denn meine Unternehmung fängt an reif zu werden. Günstige

Aspekten deuten mir: „Brich auf!“ Es ist mir nichts übrig, als die Gesinnung des Kaisers zu sondieren. Trier und Pfalz vermuten eher des Himmels Einfall, als daß ich ihnen übern Kopf kommen werde. Und ich will kommen wie ein Hagelwetter! Und wenn wir unser Schicksal machen können, so sollst du bald der Schwager eines Kurfürsten sein. Ich hoffte auf deine Faust bei dieser Unternehmung.

Götz *(besieht seine Hand).* Oh! das deutete der Traum, den ich hatte, als ich tags darauf Marien an Weislingen versprach. Er sagte mir Treu zu, und hielt meine rechte Hand so fest, daß sie aus den Armschienen ging, wie abgebrochen. Ach! Ich bin in diesem Augenblick wehrloser, als ich war, da sie mir abgeschossen wurde. Weislingen! Weislingen!

Sickingen. Vergiß einen Verräter. Wir wollen seine Anschläge vernichten, sein Ansehn untergraben, und Gewissen und Schande sollen ihn zu Tode fressen. Ich seh, ich seh im Geist meine Feinde, deine Feinde niedergestürzt. Götz, nur noch ein halb Jahr!

Götz. Deine Seele fliegt hoch. Ich weiß nicht; seit einiger Zeit wollen sich in der meinigen keine fröhlichen Aussichten eröffnen. – Ich war schon mehr im Unglück, schon einmal gefangen, und so, wie mir's jetzt ist, war mir's niemals.

Sickingen. Glück macht Mut. Kommt zu den Perücken! Sie haben lang genug den Vortrag gehabt, laß uns einmal die Müh übernehmen. *(Ab.)*

Adelheidens Schloß

Adelheid. Weislingen.

Adelheid. Das ist verhaßt!

Weislingen. Ich hab die Zähne zusammengebissen. Ein so schöner Anschlag, so glücklich vollführt, und am Ende ihn auf sein Schloß zu lassen! Der verdammte Sickingen!

Adelheid. Sie hätten's nicht tun sollen.

Weislingen. Sie saßen fest. Was konnten sie machen? Sickingen drohte mit Feuer und Schwert, der hochmütige jähzornige Mann! Ich haß ihn. Sein Ansehn nimmt zu wie ein Strom, der nur einmal ein paar Bäche gefressen hat, die übrigen folgen von selbst.

Adelheid. Hatten sie keinen Kaiser?

Weislingen. Liebe Frau! Er ist nur der Schatten davon, er wird alt und mißmutig. Wie er hörte, was geschehen war, und ich nebst den übrigen Regimentsräten eiferte, sagte er: „Laßt ihnen Ruh! Ich kann dem alten Götz wohl das Plätzchen gönnen, und wenn er da still ist, was habt ihr über ihn zu klagen?" Wir redeten vom Wohl des Staats. „Oh!" sagt' er, „hätt' ich von jeher Räte gehabt, die meinen unruhigen Geist mehr auf das Glück einzelner Menschen gewiesen hätten!"

Adelheid. Er verliert den Geist eines Regenten.

Weislingen. Wir zogen auf Sickingen los. – „Er ist mein treuer Diener", sagt' er; „hat er's nicht auf meinen Befehl getan, so tat er doch besser meinen Willen als meine Bevollmächtigten, und ich kann's gutheißen, vor oder nach."

Adelheid. Man möchte sich zerreißen.

Weislingen. Ich habe deswegen noch nicht alle Hoffnung aufgegeben. Er ist auf sein ritterlich Wort auf sein Schloß gelassen, sich da still zu halten. Das ist ihm unmöglich; wir wollen bald eine Ursach wider ihn haben.

Adelheid. Und desto eher, da wir hoffen können, der Kaiser werde bald aus der Welt gehn, und Karl, sein trefflicher Nachfolger, majestätischere Gesinnungen verspricht.

Weislingen. Karl? Er ist noch weder gewählt noch gekrönt.

Adelheid. Wer wünscht und hofft es nicht?

Weislingen. Du hast einen großen Begriff von seinen Eigenschaften; fast sollte man denken, du sähest sie mit andern Augen.

Adelheid. Du beleidigst mich, Weislingen. Kennst du mich für das?

Weislingen. Ich sagte nichts dich zu beleidigen. Aber schweigen kann ich nicht dazu. Karls ungewöhnliche Aufmerksamkeit für dich beunruhigt mich.

Adelheid. Und mein Betragen?

Weislingen. Du bist ein Weib. Ihr haßt keinen, der euch hofiert.

Adelheid. Aber ihr?

Weislingen. Er frißt mir am Herzen, der fürchterliche Gedanke! Adelheid!

Adelheid. Kann ich deine Torheit kurieren?

Weislingen. Wenn du wolltest! Du könntest dich vom Hof entfernen.

Adelheid. Sage Mittel und Art. Bist du nicht bei Hofe? Soll ich dich lassen und meine Freunde, um auf meinem Schloß mich mit den Uhus zu unterhalten? Nein, Weislingen, daraus wird nichts. Beruhige dich, du weißt, wie ich dich liebe.

Weislingen. Der heilige Anker in diesem Sturm, solang der Strick nicht reißt. *(Ab.)*

Adelheid. Fängst du's so an! Das fehlte noch. Die Unternehmungen meines Busens sind zu groß, als daß du ihnen im Wege stehen solltest. Karl! Großer trefflicher Mann, und Kaiser dereinst! und sollte er der einzige sein unter den Männern, dem der Besitz meiner Gunst nicht schmeichelte? Weislingen, denke nicht mich zu hindern, sonst mußt du in den Boden, mein Weg geht über dich hin.

(Franz kommt mit einem Brief.)

Franz. Hier, gnädige Frau.

Adelheid. Gab dir Karl ihn selbst?

Franz. Ja.

Adelheid. Was hast du? Du siehst so kummervoll.

Franz. Es ist Euer Wille, daß ich mich totschmachten soll; in den Jahren der Hoffnung macht Ihr mich verzweifeln.

Adelheid. Er dauert mich – und wie wenig kostet's mich, ihn glücklich zu machen! Sei gutes Muts, Junge. Ich fühle deine Lieb und Treu, und werde nie unerkenntlich sein.

Franz *(beklemmt)*. Wenn Ihr das fähig wärt, ich müßte vergehn. Mein Gott, ich habe keinen Blutstropfen in mir, der nicht Euer wäre, keinen Sinn, als Euch zu lieben und zu tun, was Euch gefällt!

Adelheid. Lieber Junge!

Franz. Ihr schmeichelt mir. *(In Tränen ausbrechend.)* Wenn diese Ergebenheit nichts mehr verdient, als andere sich vorgezogen zu sehn, als Eure Gedanken alle nach dem Karl gerichtet zu sehn -

Adelheid. Du weißt nicht, was du willst, noch weniger, was du redst.

Franz *(vor Verdruß und Zorn mit dem Fuß stampfend)*. Ich will auch nicht mehr. Will nicht mehr den Unterhändler abgeben.

Adelheid. Franz! Du vergißt dich.

Franz. Mich aufzuopfern! Meinen lieben Herrn!

Adelheid. Geh mir aus dem Gesicht.

Franz. Gnädige Frau!

Adelheid. Geh, entdecke deinem lieben Herrn mein Geheimnis. Ich war die Närrin, dich für was zu halten, das du nicht bist.

Franz. Liebe gnädige Frau, Ihr wißt, daß ich Euch liebe.

Adelheid. Und du warst mein Freund, meinem Herzen so nahe. Geh, verrat mich.

Franz. Eher wollt ich mir das Herz aus dem Leibe reißen! Verzeiht mir, gnädige Frau. Mein Herz ist zu voll, meine Sinnen halten's nicht aus.

Adelheid. Lieber warmer Junge! *(Faßt ihn bei den Händen, zieht ihn zu sich, und ihre Küsse begegnen einander; er fällt ihr weinend um den Hals.)*

Adelheid. Laß mich!

Franz *(erstickend in Tränen an ihrem Hals).* Gott! Gott!

Adelheid. Laß mich, die Mauern sind Verräter. Laß mich. *(Macht sich los.)* Wanke nicht von deiner Lieb und Treu, und der schönste Lohn soll dir werden. *(Ab.)*

Franz. Der schönste Lohn! Nur bis dahin laß mich leben! Ich wollte meinen Vater ermorden, der mir diesen Platz streitig machte.

Jagsthausen

Götz an einem Tisch. Elisabeth bei ihm mit der Arbeit; es steht ein Licht auf dem Tisch und Schreibzeug.

Götz. Der Müßiggang will mir gar nicht schmecken, und meine Beschränkung wird mir von Tag zu Tag enger; ich wollt, ich könnt schlafen, oder mir nur einbilden, die Ruhe sei was Angenehmes.

Elisabeth. So schreib doch deine Geschichte aus, die du angefangen hast. Gib deinen Freunden ein Zeugnis in die Hand, deine Feinde zu beschämen; verschaff einer edlen Nachkommenschaft die Freude, dich nicht zu verkennen.

Götz. Ach! Schreiben ist geschäftiger Müßiggang, es kommt mir sauer an. Indem ich schreibe, was ich getan, ärger ich mich über den Verlust der Zeit, in der ich etwas tun könnte.

Elisabeth *(nimmt die Schrift)*. Sei nicht wunderlich. Du bist eben an deiner ersten Gefangenschaft in Heilbronn.

Götz. Das war mir von jeher ein fataler Ort.

Elisabeth *(liest)*. "Da waren selbst einige von den Bündischen, die zu mir sagten: ich habe törig getan, mich meinen ärgsten Feinden zu stellen, da ich doch vermuten konnte, sie würden nicht glimpflich mit mir umgehn; da antwortet ich:" Nun, was antwortetest du? Schreibe weiter.

Götz. Ich sagte: „Setz ich so oft meine Haut an anderer Gut und Geld, sollt ich sie nicht an mein Wort setzen?"

Elisabeth. Diesen Ruf hast, du.

Götz. Den sollen sie mir nicht nehmen! Sie haben mir alles genommen, Gut, Freiheit -

Elisabeth. Es fällt in die Zeiten, wie ich die von Miltenberg und Singlingen in der Wirtsstube fand, die mich nicht kannten. Da hatt' ich eine Freude, als wenn ich einen Sohn geboren hätte. Sie rühmten dich untereinander und sagten: „Er ist das Muster eines Ritters, tapfer und edel in seiner Freiheit" und gelassen und treu im Unglück."

Götz. Sie sollen mir *einen* stellen, dem ich mein Wort gebrochen! Und Gott weiß, daß ich mehr geschwitzt hab, meinem Nächsten zu dienen, als mir, daß ich um den Namen eines tapfern und treuen Ritters gearbeitet habe, nicht um hohe Reichtümer und Rang zu gewinnen. Und Gott sei Dank, worum ich warb, ist mir worden.

(Lerse. Georg mit Wildbret.)

Götz. Glück zu, brave Jäger!

Georg. Das sind wir aus braven Reitern geworden. Aus Stiefeln machen sich leicht Pantoffeln.

Lerse. Die Jagd ist doch immer was, und eine Art von Krieg.

Georg. Wenn man nur hierzulande nicht immer mit Reichsknechten zu tun hätte. Wißt Ihr, gnädiger Herr, wie Ihr uns prophezeitet: wenn sich die Welt umkehrte, würden wir Jäger werden. Da sind wir's ohne das.

Götz. Es kommt auf eins hinaus, wir sind aus unserm Kreise gerückt.

Georg. Es sind bedenkliche Zeiten. Schon seit acht Tagen läßt sich ein fürchterlicher Komet sehen, und ganz Deutschland ist in Angst, es bedeute den Tod des Kaisers, der sehr krank ist.

Götz. Sehr krank! Unsere Bahn geht zu Ende.

Lerse. Und hier in der Nähe gibt's noch schrecklichere Veränderungen. Die Bauern haben einen entsetzlichen Aufstand erregt.

Götz. Wo?

Lerse. Im Herzen von Schwaben. Sie sengen, brennen und morden. Ich fürchte, sie verheeren das ganze Land.

Georg. Einen fürchterlichen Krieg gibt's. Es sind schon an die hundert Ortschaften aufgestanden, und täglich mehr. Der Sturmwind neulich hat ganze Wälder ausgerissen, und kurz darauf hat man in der Gegend, wo der Aufstand begonnen, zwei feurige Schwerter kreuzweis in der Luft gesehn.

Götz. Da leiden von meinen guten Herrn und Freunden gewiß unschuldig mit!

Georg. Schade, daß wir nicht reiten dürfen!

Fünfter Akt

Bauernkrieg. Tumult in einem Dorf und Plünderung

Weiber und Alte mit Kindern und Gepäcke. Flucht.

Alter. Fort! Fort! daß wir den Mordhunden entgehen.

Weib. Heiliger Gott, wie blutrot der Himmel ist, die untergehende Sonne blutrot!

Mutter. Das bedeut Feuer.

Weib. Mein Mann! Mein Mann!

Alter. Fort! Fort! In Wald!

(Ziehen vorbei. – Link.)

Link. Was sich widersetzt, niedergestochen! Das Dorf ist unser. Daß von Früchten nichts umkommt, nichts zurückbleibt. Plündert rein aus und schnell! Wir zünden gleich an.

(Metzler vom Hügel heruntergelaufen.)

Metzler. Wie geht's Euch, Link?

Link. Drunter und drüber, siehst du, du kommst zum Kehraus. Woher?

Metzler. Von Weinsberg. Da war ein Fest.

Link. Wie?

Metzler. Wir haben sie zusammengestochen, daß eine Lust war.

Link. Wen alles?

Metzler. Dietrich von Weiler tanzte vor. Der Fratz! Wir waren mit hellem wütigem Hauf herum, und er oben auf'm Kirchturn wollt gütlich mit uns handeln. Paff! Schoß ihn einer vorn Kopf. Wir hinauf wie Wetter, und zum Fenster herunter mit dem Kerl.

Link. Ah!

Metzler *(zu den Bauern)*. Ihr Hund', soll ich euch Bein' machen! Wie sie zaudern und trenteln, die Esel.

Link. Brennt an! sie mögen drin braten! Fort! Fahrt zu, ihr Schlingel!

Metzler. Darnach führten wir heraus den Helfenstein, den Eltershofen, an die dreizehn von Adel, zusammen auf achtzig. Herausgeführt auf die Ebne gegen Heilbronn. Das war ein Jubilieren und ein Tumultuieren von den Unsrigen, wie die lange Reih arme reiche Sünder daherzog, einander anstarrten, und Erd und Himmel! Umringt waren sie, ehe sie sich's versahen, und alle mit Spießen niedergestochen.

Link. Daß ich nicht dabei war!

Metzler. Hab mein Tag so kein Gaudium gehabt.

Link. Fahrt zu! Heraus!

Bauer. Alles ist leer.

Link. So brennt an allen Ecken.

Metzler. Wird ein hübsch Feuerchen geben. Siehst du, wie die Kerls übereinanderpurzelten und quiekten wie die Frösche! Es lief mir so warm übers Herz wie ein Glas Branntwein! Da war ein Rixinger, wenn der Kerl sonst auf die Jagd ritt, mit dem Federbusch und weiten Naslöchern, und uns vor sich hertrieb mit den Hunden und wie die Hunde. Ich hatt' ihn die Zeit nicht gesehen, sein Fratzengesicht fiel mir recht auf. Hasch! den Spieß ihm zwischen die Rippen, da lag er, streckt' alle vier über seine Gesellen. Wie die Hasen beim Treibjagen zuckten die Kerls übereinander.

Link. Raucht schon brav.

Metzler. Dort hinten brennt's. Laß uns mit der Beute gelassen zu dem großen Haufen ziehen.

Link. Wo hält er?

Metzler. Von Heilbronn hieher zu. Sie sind um einen Hauptmann verlegen, vor dem alles Volk Respekt hätt'. Denn wir sind doch nur ihresgleichen, das fühlen sie und werden schwürig.

Link. Wen meinen sie?

Metzler. Max Stumpf oder Götz von Berlichingen.

Link. Das wär gut, gäb auch der Sache einen Schein, wenn's der Götz tät; er hat immer für einen rechtschaffnen Ritter gegolten. Auf! Auf! wir ziehen nach Heilbronn zu! Ruft's herum.

Metzler. Das Feuer leucht uns noch eine gute Strecke. Hast du den großen Kometen gesehen?

Link. Ja. Das ist ein grausam erschrecklich Zeichen! Wenn wir die Nacht durch ziehen, können wir ihn recht sehen. Er geht gegen eins auf.

Metzler. Und bleibt nur fünf Viertelstunden. Wie ein gebogner Arm mit einem Schwert sieht er aus, so blutgelbrot.

Link. Hast du die drei Stern gesehen an des Schwerts Spitze und Seite?

Metzler. Und der breite wolkenfärbige Streif, mit tausend und tausend Striemen wie Spieß', und dazwischen wie kleine Schwerter.

Link. Mir hat's gegraust. Wie das alles so bleichrot, und darunter viel feurige helle Flamme, und dazwischen die grausamen Gesichter mit rauchen Häuptern und Bärten!

Metzler. Hast du die auch gesehen? Und das zwitzert alles so durcheinander, als läg's in einem blutigen Meere, und arbeitet durcheinander, daß einem die Sinne vergehn!

Link. Auf! Auf! *(Ab.)*

Feld

Man sieht in der Ferne zwei Dörfer brennen und ein Kloster.

Kohl. Wild. Max Stumpf. Haufen.

Max Stumpf. Ihr könnt nicht verlangen, daß ich euer Hauptmann sein soll. Für mich und euch wär's nichts nütze. Ich bin Pfalzgräfischer Diener; wie sollt ich gegen meinen Herrn führen? Ihr würdet immer wähnen, ich rät nicht von Herzen.

Kohl. Wußten wohl, du würdest Entschuldigung finden.

(Götz, Lerse, Georg kommen.)

Götz. Was wollt ihr mit mir?

Kohl. Ihr sollt unser Hauptmann sein.

Götz. Soll ich mein ritterlich Wort dem Kaiser brechen und aus meinem Bann gehen?

Wild. Das ist keine Entschuldigung.

Götz. Und wenn ich ganz frei wäre, und ihr wollt handeln wie bei Weinsberg an den Edeln und Herrn, und so forthausen, wie rings herum das Land brennt und blutet, und ich sollt euch behülflich sein zu euerm schändlichen rasenden Wesen – eher sollt ihr mich totschlagen wie einen wütigen Hund, als daß ich euer Haupt würde!

Kohl. Wäre das nicht geschehen, es geschähe vielleicht nimmermehr.

Stumpf. Das war eben das Unglück, daß sie keinen Führer hatten, den sie geehrt, und der ihrer Wut Einhalt tun können. Nimm die Hauptmannschaft an, ich bitte dich, Götz. Die Fürsten werden dir

Dank wissen, ganz Deutschland. Es wird zum Besten und Frommen aller sein. Menschen und Länder werden geschont werden.

Götz. Warum übernimmst du's nicht?

Stumpf. Ich hab mich von ihnen losgesagt.

Kohl. Wir haben nicht Sattelhenkens Zeit, und langer unnötiger Diskurse. Kurz und gut. Götz, sei unser Hauptmann, oder sieh zu deinem Schloß und deiner Haut. Und hiermit zwei Stunden Bedenkzeit. Bewacht ihn.

Götz. Was braucht's das! Ich bin so gut entschlossen – jetzt als darnach. Warum seid ihr ausgezogen? Eure Rechte und Freiheiten wiederzuerlangen? Was wütet ihr und verderbt das Land! Wollt ihr abstehen von allen Übeltaten und handeln als wackre Leute, die wissen, was sie wollen, so will ich euch behülflich sein zu euern Forderungen und auf acht Tag euer Hauptmann sein.

Wild. Was geschehen ist, ist in der ersten Hitz geschehen, und braucht's deiner nicht, uns künftig zu hindern.

Kohl. Auf ein Vierteljahr wenigstens mußt du uns zusagen.

Stumpf. Macht vier Wochen, damit könnt ihr beide zufrieden sein.

Götz. Meinetwegen.

Kohl. Eure Hand!

Götz. Und gelobt mir, den Vertrag, den ihr mit mir gemacht, schriftlich an alle Haufen zu senden, ihm bei Strafe streng nachzukommen.

Wild. Nun ja! Soll geschehen.

Götz. So verbind ich mich euch auf vier Wochen.

Stumpf. Glück zu! Was du tust, schon unsern gnädigen Herrn den Pfalzgrafen.

Kohl *(leise)*. Bewacht ihn. Daß niemand mit ihm rede außer eurer Gegenwart.

Götz. Lerse! Kehr zu meiner Frau. Steh ihr bei. Sie soll bald Nachricht von mir haben.

(Götz, Stumpf, Georg, Lerse, einige Bauern ab. – Metzler, Link kommen.)

Metzler. Was hören wir von einem Vertrag? Was soll der Vertrag?

Link. Es ist schändlich, so einen Vertrag einzugehen.

Kohl. Wir wissen so gut, was wir wollen, als ihr, und haben zu tun und zu lassen.

Wild. Das Rasen und Brennen und Morden mußte doch einmal aufhören, heut oder morgen! so haben wir noch einen braven Hauptmann dazu gewonnen.

Metzler. Was aufhören! Du Verräter! Warum sind wir da? Uns an unsern Feinden zu rächen, uns emporzuhelfen! – Das hat euch ein Fürstenknecht geraten.

Kohl. Komm, Wild, er ist wie ein Vieh. *(Ab.)*

Metzler. Geht nur! Wird euch kein Haufen zustehn. Die Schurken! Link, wir wollen die andern aufhetzen, Miltenberg dort drüben anzünden, und wenn's Händel setzt wegen des Vertrags, schlagen wir den Verträgern zusammen die Köpf ab.

Link. Wir haben doch den großen Haufen auf unsrer Seite.

Berg und Tal. Eine Mühle in der Tiefe

Ein Trupp Reiter. Weislingen kommt aus der Mühle mit Franzen und einem Boten.

Weislingen. Mein Pferd! – Ihr habt's den andern Herrn auch angesagt?

Bote. Wenigstens sieben Fähnlein werden mit Euch eintreffen, im Wald hinter Miltenberg. Die Bauern ziehen unten herum. Überall sind Boten ausgeschickt, der ganze Bund wird in kurzem zusammen sein. Fehlen kann's nicht; man sagt, es sei Zwist unter ihnen.

Weislingen. Desto besser! – Franz!

Franz. Gnädiger Herr?

Weislingen. Richt es pünktlich aus. Ich bind es dir auf deine Seele. Gib ihr den Brief. Sie soll vom Hof auf mein Schloß! Sogleich! Du sollst sie abreisen sehn, und mir's dann melden.

Franz. Soll geschehen, wie Ihr befehlt.

Weislingen. Sag ihr, sie soll wollen. *(Zum Boten.)* Führt uns nun den nächsten und besten Weg.

Bote. Wir müssen umziehen. Die Wasser sind von den entsetzlichen Regen alle ausgetreten.

Jagsthausen

Elisabeth. Lerse.

Lerse. Tröstet Euch, gnädige Frau!

Elisabeth. Ach, Lerse, die Tränen stunden ihm in den Augen, wie er Abschied von mir nahm. Es ist grausam, grausam!

Lerse. Er wird zurückkehren.

Elisabeth. Es ist nicht das. Wenn er auszog, rühmlichen Sieg zu erwerben, da war mir's nicht weh ums Herz. Ich freute mich auf seine Rückkunft, vor der mir jetzt bang ist.

Lerse. Ein so edler Mann -

Elisabeth. Nenn ihn nicht so, das macht neu Elend. Die Bösewichter! Sie drohten, ihn zu ermorden, und sein Schloß anzuzünden. – Wenn er wiederkommen wird – ich seh ihn finster, finster. Seine Feinde werden lügenhafte Klagartikel schmieden, und er wird nicht sagen können: Nein!

Lerse. Er wird und kann.

Elisabeth. Er hat seinen Bann gebrochen. Sag Nein!

Lerse. Nein! Er ward gezwungen; wo ist der Grund, ihn zu verdammen?

Elisabeth. Die Bosheit sucht keine Gründe, nur Ursachen. Er hat sich zu Rebellen, Missetätern, Mördern gesellt, ist an ihrer Spitze gezogen. Sage Nein!

Lerse. Laßt ab, Euch zu quälen und mich. Haben sie ihm nicht feierlich zugesagt, keine Tathandlungen mehr zu unternehmen, wie die bei Weinsberg? Hört ich sie nicht selbst halbreuig sagen: Wenn's nicht geschehen wär, geschäh's vielleicht nie? Müßten nicht Fürsten und Herrn ihm Dank wissen, wenn er freiwillig Führer eines unbändigen Volks geworden wäre, um ihrer Raserei Einhalt zu tun und so viel Menschen und Besitztümer zu schonen?

Elisabeth. Du bist ein liebevoller Advokat. – Wenn sie ihn gefangennähmen, als Rebell behandelten, und sein graues Haupt – Lerse, ich möchte von Sinnen kommen.

Lerse. Sende ihrem Körper Schlaf, lieber Vater der Menschen, wenn du ihrer Seele keinen Trost geben willst!

Elisabeth. Georg hat versprochen, Nachricht zu bringen. Er wird auch nicht dürfen, wie er will. Sie sind ärger als gefangen. Ich weiß, man bewacht sie wie Feinde. Der gute Georg! Er wollte nicht von seinem Herrn weichen.

Lerse. Das Herz blutete mir, wie er mich von sich schickte. Wenn *Ihr* nicht meiner Hülfe bedürftet, alle Gefahren des schmählichsten Todes sollten mich nicht von ihm getrennt haben.

Elisabeth. Ich weiß nicht, wo Sickingen ist. Wenn ich nur Marien einen Boten schicken könnte.

Lerse. Schreibt nur, ich will dafür sorgen. *(Ab.)*

Bei einem Dorf

Götz. Georg.

Götz. Geschwind zu Pferde, Georg! ich sehe Miltenberg brennen. Halten sie so den Vertrag? Reit hin, sag ihnen die Meinung. Die Mordbrenner! Ich sage mich von ihnen los. Sie sollen einen Zigeuner zum Hauptmann machen, nicht mich. Geschwind, Georg. *(Georg ab.)* Wollt, ich wäre tausend Meilen davon, und läg im tiefsten Turn, der in der Türkei steht. Könnt ich mit Ehren von ihnen kommen! Ich fahr ihnen alle Tag durch den Sinn, sag ihnen die bittersten Wahrheiten, daß sie mein müde werden und mich erlassen sollen.

(Ein Unbekannter.)

Unbekannter. Gott grüß Euch, sehr edler Herr.

Götz. Gott dank Euch. Was bringt Ihr? Euern Namen?

Unbekannter. Der tut nichts zur Sache. Ich komme, Euch zu sagen, daß Euer Kopf in Gefahr ist. Die Anführer sind müde, sich von Euch so harte Worte geben zu lassen, haben beschlossen, Euch aus dem Weg zu räumen. Mäßigt Euch oder seht zu entwischen, und Gott geleit Euch. *(Ab.)*

Götz. Auf diese Art dein Leben zu lassen, Götz, und so zu enden! Es sei drum! So ist mein Tod der Welt das sicherste Zeichen, daß ich nichts Gemeines mit den Hunden gehabt habe.

(Einige Bauern.)

Erster Bauer. Herr, Herr! Sie sind geschlagen, sie sind gefangen.

Götz. Wer?

Zweiter Bauer. Die Miltenberg verbrannt haben. Es zog sich ein Bündischer Trupp hinter dem Berg hervor und überfiel sie auf einmal.

Götz. Sie erwartet ihr Lohn. – O Georg! Georg! – Sie haben ihn mit den Bösewichtern gefangen – Mein Georg! Mein Georg! -

(Anführer kommen.)

Link. Auf, Herr Hauptmann, auf! Es ist nicht Säumens Zeit. Der Feind ist in der Nähe und mächtig.

Götz. Wer verbrannte Miltenberg?

Metzler. Wenn Ihr Umstände machen wollt, so wird man Euch weisen, wie man keine macht.

Kohl. Sorgt für unsere Haut und Eure. Auf! Auf!

Götz *(zu Metzler)*. Drohst du mir! Du Nichtswürdiger! Glaubst du, daß du mir fürchterlicher bist, weil des Grafen von Helfenstein Blut an deinen Kleidern klebt?

Metzler. Berlichingen!

Götz. Du darfst meinen Namen nennen, und meine Kinder werden sich dessen nicht schämen.

Metzler. Mit dir feigem Kerl! Fürstendiener!

Götz *(haut ihn über den Kopf, daß er stürzt. Die andern treten dazwischen)*.

Kohl. Ihr seid rasend. Der Feind bricht auf allen Seiten 'rein, und ihr hadert!

Link. Auf! Auf!

(Tumult und Schlacht. – Weislingen. Reiter.)

Weislingen. Nach! Nach! Sie fliehen. Laßt euch Regen und Nacht nicht abhalten. Götz ist unter ihnen, hör ich. Wendet Fleiß an, daß ihr ihn erwischt. Er ist schwer verwundet, sagen die Unsrigen. *(Die Reiter ab.)* Und wenn ich dich habe! – Es ist noch Gnade, wenn wir heimlich im Gefängnis dein Todesurteil vollstrecken. – So verlischt er vor dem Andenken der Menschen, und du kannst freier atmen, törichtes Herz. *(Ab.)*

Nacht, im wilden Wald. Zigeunerlager

Zigeunermutter am Feuer.

Mutter. Flick das Strohdach über der Grube, Tochter, gibt hint nacht noch Regen genug.

(Knab kommt.)

Knab. Ein Hamster, Mutter. Da! Zwei Feldmäus.

Mutter. Will sie dir abziehen und braten, und sollst eine Kapp haben von den Fellchen. – Du blutst?

Knab. Hamster hat mich bissen.

Mutter. Hol mir dürr Holz, daß das Feuer loh brennt wenn dein Vater kommt, wird naß sein durch und durch.

(Andre Zigeunerin, ein Kind auf dem Rücken.)

Erste Zigeunerin. Hast du brav geheischen?

Zweite Zigeunerin. Wenig genug. Das Land ist voll Tumult herum, daß man seins Lebens nicht sicher ist. Brennen zwei Dörfer lichterloh.

Erste Zigeunerin. Ist das dort drunten Brand, der Schein? Seh ihm schon lang zu. Man ist die Feuerzeichen am Himmel zeither so gewohnt worden.

(Zigeunerhauptmann, drei Gesellen kommen.)

Hauptmann. Hört ihr den wilden Jäger?

Erster Zigeuner. Er zieht grad über uns hin.

Hauptmann. Wie die Hunde bellen! Wau! Wau!

Zweiter Zigeuner. Die Peitschen knallen.

Dritter Zigeuner. Die Jäger jauchzen holla ho!

Mutter. Bringt ja des Teufels sein Gepäck!

Hauptmann. Haben im Trüben gefischt. Die Bauern rauben selbst, ist's uns wohl vergönnt.

Zweite Zigeunerin. Was hast du, Wolf?

Wolf. Einen Hasen, da, und einen Hahn; ein Bratspieß; ein Bündel Leinwand; drei Kochlöffel und ein Pferdzaum.

Sticks. Ein wullen Deck hab ich, ein Paar Stiefeln, und Zunder und Schwefel.

Mutter. Ist alles pudelnaß, wollen's trocknen, gebt her.

Hauptmann. Horch, ein Pferd! Geht! Seht, was ist. *(Götz zu Pferd.)*

Götz. Gott sei Dank! Dort seh ich Feuer, sind Zigeuner. Meine Wunden verbluten, die Feinde hinterher. Heiliger Gott, du endigst gräßlich mit mir!

Hauptmann. Ist's Friede daß du kommst?

Götz. Ich flehe Hülfe von euch. Meine Wunden ermatten mich. Helft mir vom Pferd!

Hauptmann. Helf ihm! Ein edler Mann, an Gestalt und Wort.

Wolf *(leise)*. Es ist Götz von Berlichingen.

Hauptmann. Seid willkommen! Alles ist Euer, was wir haben.

Götz. Dank Euch.

Hauptmann. Kommt in mein Zelt.

Hauptmanns Zelt

Hauptmann. Götz.

Hauptmann. Ruft der Mutter, sie soll Blutwurzel bringen und Pflaster.

Götz *(legt den Harnisch ab).*

Hauptmann. Hier ist mein Feiertagswams.

Götz. Gott lohn's.

(Mutter verbindt ihn.)

Hauptmann. Ist mir herzlich lieb, Euch zu haben.

Götz. Kennt Ihr mich?

Hauptmann. Wer sollte Euch nicht kennen! Götz, unser Leben und Blut lassen wir für Euch.

(Schricks.)

Schricks. Kommen durch den Wald Reiter. Sind Bündische.

Franz. Er soll nieder, ich will ihm den Fuß auf den Nacken setzen.

Adelheid. Keine Wut! Du sollst einen Brief an ihn haben, voll Demut, daß ich gehorche. Und dieses Fläschchen gieß ihm unter das Getränk.

Franz. Gebt. Ihr sollt frei sein!

Adelheid. Frei! Wenn du nicht mehr zitternd auf deinen Zehen zu mir schleichen wirst – nicht mehr ich ängstlich zu dir sage: „Brich auf, Franz, der Morgen kommt."

Heilbronn, vorm Turn

Elisabeth. Lerse.

Lerse. Gott nehm das Elend von Euch, gnädige Frau. Marie ist hier.

Elisabeth. Gott sei Dank! Lerse, wir sind in entsetzliches Elend versunken. Da ist's nun, wie mir alles ahnete! Gefangen, als Meuter, Missetäter in den tiefsten Turn geworfen

Lerse. Ich weiß alles.

Elisabeth. Nichts, nichts weißt du, der Jammer ist zu groß! Sein Alter, seine Wunden, ein schleichend Fieber und, mehr als alles das, die Finsternis seiner Seele, daß es so mit ihm enden soll.

Lerse. Auch, und daß der Weislingen Kommissar ist.

Elisabeth. Weislingen?

Lerse. Man hat mit unerhörten Exekutionen verfahren. Metzler ist lebendig verbrannt, zu Hunderten gerädert, gespießt, geköpft, geviertelt. Das Land umher gleicht einer Metzge, wo Menschenfleisch wohlfeil ist.

Elisabeth. Weislingen Kommissar! O Gott! Ein Strahl von Hoffnung. Marie soll mir zu ihm, er kann ihr nichts abschlagen. Er hatte immer ein weiches Herz, und wenn er sie sehen wird, die er so liebte, die so elend durch ihn ist – Wo ist sie?

Lerse. Noch im Wirtshaus.

Elisabeth. Führe mich zu ihr. Sie muß gleich fort. Ich fürchte alles.

Weislingens Schloß

Weislingen.

Weislingen. Ich bin so krank, so schwach. Alle meine Gebeine sind hohl. Ein elendes Fieber hat das Mark ausgefressen. Keine Ruh und Rast, weder Tag noch Nacht. Im halben Schlummer giftige Träume. Die vorige Nacht begegnete ich Götzen im Wald. Er zog sein Schwert und forderte mich heraus. Ich faßte nach meinem, die Hand versagte mir. Da stieß er's in die Scheide, sah mich verächtlich an und ging hinter mich. – Er ist gefangen, und ich zittre vor ihm. Elender Mensch! Dein Wort hat ihn zum Tode verurteilt, und du bebst vor seiner Traumgestalt wie ein Missetäter! – Und soll er sterben? – Götz! Götz! – Wir Menschen führen uns nicht selbst; bösen Geistern ist Macht über uns gelassen, daß sie ihren höllischen Mutwillen an unserm Verderben üben. *(Setzt sich.)* – Matt! Matt! Wie sind meine Nägel so blau! – Ein kalter, kalter, verzehrender Schweiß lähmt mir jedes Glied. Es dreht mir alles vorm Gesicht. Könnt ich schlafen. Ach -

(Maria tritt auf.)

Weislingen. Jesus Marie! – Laß mir Ruh! Laß mir Ruh! – Die Gestalt fehlte noch! Sie stirbt, Marie stirbt, und zeigt sich mir an. – Verlaß mich, seliger Geist, ich bin elend genug.

Maria. Weislingen, ich bin kein Geist. Ich bin Marie.

Weislingen. Das ist ihre Stimme.

Maria. Ich komme, meines Bruders Leben von dir zu erflehen. Er ist unschuldig, so strafbar er scheint.

Weisling. Still, Marie! Du Engel des Himmels bringst die Qualen der Hölle mit dir. Rede nicht fort.

Maria. Und mein Bruder soll sterben? Weislingen, es ist entsetzlich, daß ich dir zu sagen brauche: er ist unschuldig; daß ich jammern muß, dich von dem abscheulichsten Morde zurückzuhalten. Deine Seele ist bis in ihre innersten Tiefen von feindseligen Mächten besessen. Das ist Adelbert!

Weislingen. Du siehst, der verzehrende Atem des Todes hat mich angehaucht, meine Kraft sinkt nach dem Grabe. Ich stürbe als ein Elender, und du kommst, mich in Verzweiflung zu stürzen. Wenn ich reden könnte, dein höchster Haß würde in Mitleid und Jammer zerschmelzen. O Marie! Marie!

Maria. Weislingen, mein Bruder verkranket im Gefängnis. Seine schweren Wunden, sein Alter. Und wenn du fähig wärst, sein graues Haupt – Weislingen, wir würden verzweifeln.

Weislingen. Genug. *(Zieht die Schelle.)*

(Franz in äußerster Bewegung.)

Franz. Gnädiger Herr.

Weislingen. Die Papiere dort, Franz!

Franz *(bringt sie).*

Weislingen *(reißt ein Paket auf und zeigt Marien ein Papier).* Hier ist deines Bruders Todesurteil unterschrieben.

Maria. Gott im Himmel!

Weislingen. Und so zerreiß ich's! Er lebt. Aber kann ich wieder schaffen, was ich zerstört habe? Weine nicht so, Franz! Guter Junge, dir geht mein Elend tief zu Herzen.

Franz *(wirft sich vor ihm nieder und faßt seine Knie).*

Maria *(vor sich).* Er ist sehr krank. Sein Anblick zerreißt mir das Herz. Wie liebt ich ihn! und nun ich ihm nahe, fühl ich, wie lebhaft.

Weislingen. Franz, steh auf und laß das Weinen! Ich kann wieder aufkommen. Hoffnung ist bei den Lebenden.

Franz. Ihr werdet nicht. Ihr müßt sterben.

Weislingen. Ich muß?

Franz *(außer sich).* Gift! Gift! Von Euerm Weibe! – Ich! Ich! *(Rennt davon.)*

Weislingen. Marie, geh ihm nach. Er verzweifelt. *(Maria ab.)* Gift von meinem Weibe! Weh! Weh! Ich fühl's. Marter und Tod!

Maria *(inwendig).* Hülfe! Hülfe!

Weislingen *(will aufstehn).* Gott, vermag ich das nicht!

Maria *(kommt).* Er ist hin. Zum Saalfenster hinaus stürzt' er wütend in den Main hinunter.

Weislingen. Ihm ist wohl. – Dein Bruder ist außer Gefahr. Die übrigen Kommissarien, Seckendorf besonders, sind seine Freunde. Ritterlich Gefängnis werden sie ihm auf sein Wort gleich gewähren. Leb wohl, Maria, und geh.

Maria. Ich will bei dir bleiben, armer Verlaßner.

Weislingen. Wohl verlassen und arm! Du bist ein furchtbarer Rächer, Gott! – Mein Weib -

Maria. Entschlage dich dieser Gedanken. Kehre dein Herz zu dem Barmherzigen.

Weislingen. Geh, liebe Seele, überlaß mich meinem Elend. – Entsetzlich! Auch deine Gegenwart, Marie, der letzte Trost, ist Qual.

Maria *(vor sich)*. Stärke mich, o Gott! Meine Seele erliegt mit der seinigen.

Weislingen. Weh! Weh! Gift von meinem Weibe! – Mein Franz verführt durch die Abscheuliche! Wie sie wartet, horcht auf den Boten, der ihr die Nachricht bringe: er ist tot. Und du, Marie! Marie, warum bist du gekommen, daß du jede schlafende Erinnerung meiner Sünden wecktest! Verlaß mich! Verlaß mich, daß ich sterbe.

Maria. Laß mich bleiben. Du bist allein. Denk, ich sei deine Wärterin. Vergiß alles. Vergesse dir Gott so alles, wie ich dir alles vergesse.

Weislingen. Du Seele voll Liebe, bete für mich, bete für mich! Mein Herz ist verschlossen.

Maria. Er wird sich deiner erbarmen. – Du bist matt.

Weislingen. Ich sterbe, sterbe und kann nicht ersterben. Und in dem fürchterlichen Streit des Lebens und Todes sind die Qualen der Hölle.

Maria. Erbarmer, erbarme dich seiner! Nur *einen* Blick deiner Liebe an sein Herz, daß es sich zum Trost öffne, und sein Geist Hoffnung, Lebenshoffnung in den Tod hinüberbringe!

In einem finstern engen Gewölbe

Die Richter des heimlichen Gerichts. Alle vermummt.

Ältester. Richter des heimlichen Gerichts, schwurt auf Strang und Schwert, unsträflich zu sein, zu richten im Verborgnen, zu strafen im

Verborgnen Gott gleich! Sind eure Herzen rein und eure Hände, hebt die Arme empor, ruft über die Missetäter: „Wehe! Wehe!“

Alle. Wehe! Wehe!

Ältester. Rufer, beginne das Gericht!

Rufer. Ich, Rufer, rufe die Klag gegen den Missetäter. Des Herz rein ist, dessen Händ rein sind zu schwören auf Strang und Schwert, der klage bei Strang und Schwert! klage! klage!

Kläger *(tritt vor)*. Mein Herz ist rein von Missetat, meine Hände von unschuldigem Blut. Verzeih mir Gott böse Gedanken und hemme den Weg zum Willen! Ich hebe meine Hand auf und klage! klage! klage!

Ältester. Wen klagst du an?

Kläger. Klage an auf Strang und Schwert Adelheiden von Weislingen. Sie hat Ehebruchs sich schuldig gemacht, ihren Mann vergiftet durch ihren Knaben. Der Knab hat sich selbst gerichtet, der Mann ist tot.

Ältester. Schwörst du zu dem Gott der Wahrheit, daß du Wahrheit klagst?

Kläger. Ich schwöre.

Ältester. Würd es falsch befunden, beutst du deinen Hals der Strafe des Mords und des Ehebruchs?

Kläger. Ich biete.

Ältester. Eure Stimmen.

(Sie reden heimlich zu ihm.)

Kläger. Richter des heimlichen Gerichts, was ist euer Urteil über Adelheiden von Weislingen, bezüchtigt des Ehebruchs und Mords?

Ältester. Sterben soll sie! sterben des bittern doppelten Todes; mit Strang und Dolch büßen doppelt doppelte Missetat. Streckt eure